평화인성을 키우는

자기우정

평화인성을 키우는 자기우정

초판 1쇄 인쇄 2021년 2월 5일
초판 1쇄 발행 2021년 2월 15일
지은이 따돌림사회연구모임 우정팀
펴낸이 김승희
펴낸곳 도서출판 살림터

기획 정광일
편집 조현주
북디자인 이순민

인쇄·제본 (주)신화프린팅
종이 (주)명동지류

주소 서울시 양천구 목동동로 293. 22층 2215-1호
전화 02)3141-6553
팩스 02)3153-6555
출판등록 2008년 3월 18일 제313-1990-12호
이메일 gwang80@hanmail.net
블로그 http//blog.naver.com.dkffk 1020

ISBN 979-11-5930-173-5 03370

평화인성을
키우는

자기우정

따돌림사회연구모임 우정팀 지음

살림터

화목한 관계로 향하는
스무 가지 자기우정

백우 전소연

"너는 인싸야? 아싸야?"

'인싸'와 '아싸'는 한때 흔히 들을 수 있는 유행어였습니다. 인싸는 인사이더(insider)의 줄임말로, 사람들과 잘 섞여 노는 사람을 말하며 인기 많은 사람을 의미합니다. 아싸(outsider)는 반대로 무리 밖에서 겉돌고 어울리지 못하는 사람이라는 뜻으로 사용됩니다. 사람들은 인정 욕망을 채우기 위해 다른 사람들의 기준에 맞추어 살아갑니다. 그 속에서 자기가 얼마나 가치 있는 사람인지 증명하며 인싸가 되려 하지요. 남에게 보이는 모습에 열중한 나머지 진짜 자기 자신과 멀어져 가면서도 그것이 잘못되었을지 모른다는 의심조차 하지 않습니다. 그러나 자신의 진짜 모습을 알지 못하는 사람은 다른 사람과 좋은 관계를 맺을 수 없습니다. 두 점을 이을 때 시작점을 잘 알아야 하는 것과 같습니다. 우리는 먼저 우리 자신과 좋은 관계를 맺어야 합니다. 이는 바른 정체성을 가져야 한다는 말과 같습니다. 바른 정체성은 모든 인간관계의 토대가 되기 때문입니다.

인정 욕망을 추구하며 안간힘을 다하는 사람들과 반대로 '자발적인 아싸'를 자처하는 사람들이 있습니다. 그들은 다른 사람의 인정을 구걸하지 않고 기꺼이 혼자가 되겠다고 말합니다. 그러나 그것이 타인과의 단절을 합리화하는 것이 된다면 그 역시 바람직하지 않습니다. 인간은 사회적 동물로 혼자서는 결코 행복해질 수 없다는 것을 자신도 모르지 않을 것입니다.

인정받기 쉽지 않은 무한 경쟁의 사회 속에서 자신을 지키려는 의식들이 생겨나면서 자존감 교육은 1980년대 이후 크게 유행하였습니다. 자존감이 높은 사람들이 사회 성취도가 높다는 연구들이 발표되면서 자존감 열풍이 불기 시작했고 그 관심은 현재까지 이어지고 있습니다. 자존감이 사회 성취도, 대인관계뿐 아니라 인간의 다양한 심리와 얼마나 관계가 깊은지 말해 주는 서적과 논문들은 주변에서 쉽게 찾을 수 있습니다. 이러한 자존감 교육은 현대를 살아가는 사람들에게 의미가 있지만, 자칫 잘못하면 자기 자신을 무조건 받아 주고 사랑하는 것으로 치우치기도 합니다. 극단적인 예로 살인 충동이 있는 사람이 자기 자신을 전적으로 수용하고 사랑하는 데 그친다면 어떻게 될까요? 결과는 아주 끔찍할 것입니다. 그는 자기 자신을 받아들이는 데서 한 발 더 나아가 자기비판을 통해 자신을 점검하고 바로 세워 가야 합니다. 그렇게 할 때 건강한 관계 속에서 자신을 진정으로 사랑할 수 있습니다.

교육은 자기 사랑과 개인의 행복 그 자체만을 목적으로 해서는 안 됩니다. 자기 사랑이 타인 사랑으로 확대되고, 서로 존중하며 평화롭게 살도록 교육해야 합니다. 『주홍 글씨』를 쓴 나다니엘 호손(Nathaniel Hawthorn)은 "행복은 나비와 같아서 쫓아다니면 잡히지 않는다."라고 말했습니다. 행복은 쫓아 다녀야 할 최고의 목적이 아니라 화목하게 지내다 보면 따라오는 결과여야 합니다. 개인의 성공과 행복만을 위해 살아가는 사회는 경쟁과 시기, 폭력이 난무할 것입니다. 반대로 나를 존중하는 것을 통해 타인을 존중하는 것을 배우며 화목하게 지내는 사회를 상상해 봅시다. '자발적 아싸'들이 닫힌 마음의 문을 열고 밖으로 나올 것이며, 사람들은 서로 깊은 우정을 쌓아 가며 진정한 행복을 느낄 것입니다.

저는 오랫동안 자존감 교육을 통해 아이들의 대인관계 능력을 향상하고자 노력했습니다. 그러나 자존감 향상을 위해서 지도해야 할 인성 영역과 내용은 너무나 많았습니다. 또 자존감 향상이 대인관계 능력 향상으로 이어지는 결과를 눈으로 확인하기도 어려웠습니다. 밑 빠진 독의 물 붓기처럼 개개인의 자존감 향상을 위한 노력은 끝이 없었고, 조금 나아질까 싶으면 교육 기간이 끝나 헤어져야 했습니다. 도대체 얼마만큼의 자존감이 채워져야 친구들과 잘 지내는 것일까요? 저는 절망하지 않을 수 없었습니다. 모두가 인정하는 쟁쟁한 자존감 교육에 대해서 감히 의문을 던지거나 비판할 수는 없었습니다. 그저 모든 것이 부족한 내 개인의 역량 탓이라고 생각할 뿐이었습니다. 그러다 우연한 기회에 따돌림사회연구모임에서 자기우정을 연구하게 되었습니다. 처음 자기우정이라는 단어를 들었을 때는 그저 포장만 바뀐 자존감 교육이 아닐까 생각했습니다. 그러나 자기우정을 통해 그동안 쌓여 있던 고민을 조금씩 해결해 갈 수 있었으며 지금은 그 이야기들을 다른 사람들과 나누고자 합니다.

'우정'이라 하면 다른 사람과 친밀감을 쌓는 것만을 생각합니다. 그러나 나와 친구가 되어서 나 자신과 친밀한 관계를 맺고 우정을 쌓는 '자기우정'도 있습니다. 나와의 우정을 키우는 것은 왜곡된 자아상과 인간관계상을 성찰함으로써 바람직한 자아상과 평화로운 인간관계상을 정립할 수 있도록 돕습니다. '나와 친구가 된다니 이게 무슨 유치한 말장난이야?'라고 생각할 수 있습니다. 또 자기애도, 자기환대, 자기순화 등 들어 보지 못했거나, 알고 있는 것과 전혀 다른 의미로 사용되는 단어들이 작위적으로 느껴질 수도 있을 것입니다. 그러나 그러한 의문을 잠시 보류하고 이 책을 끝까지 읽어 보기를 바랍니다. 우리의 언어문화는 인터넷과 방송 매체에 종속되어 끌려가고 있습니다. 유튜버들과 연예인들이 만드는 신조어가 기사와 방송을 타고 매일 새롭게 유행을 만듭니다. 교육은 그것을 따라가기에 급급하거나 그저 대안 없이 비판할 뿐이었습니다. 교육적인 언어를 창조하는 것은 의미가 있습니다. 자기우정의 개념도 처음에는 생소할 수 있지만 어느 순간 우리의 일상적 언어가 될 것입니다. 실제로 이 책을 읽은 어른들은 자기우정의 개념을 조금 더디게 수용한 데 비해, 청소년들은 거부감 없이 받아들였습니다.

우정은 자기와의 우정과 타자와의 우정으로 나눌 수 있는데 이 두 가지는 불가분의 관계가 있습니다. 우리는 자기우정을 키우는 것으로 출발하여 타인과의 건전한 관계를 배워 갑니다. 그렇다고 자기우정 교육이 꼭 먼저 이루어져야 한다는 뜻은 아닙니다. 자기우정은 우정을 강화하고, 우정은 자기우정을 강화할 수 있습니다. 자기우정을 키우려는 노력이 타인과의 우정을 나누는 것과 상호 작용하기 때문입니다.

<**자기우정과 우정의 관계**>

자기숙고 ↔ 경청,　자기개방 ↔ 정직,　자기비판 ↔ 공평,　자기사과 ↔ 사과,　자기평등 ↔ 평등
자기예의 ↔ 예의,　자기환대 ↔ 환대,　자기세움 ↔ 돌봄,　자기감사 ↔ 감사,　자기신뢰 ↔ 신뢰
자기비움 ↔ 포용,　자기축하 ↔ 동락,　자기순화 ↔ 화목,　자기위로 ↔ 위로,　자기애도 ↔ 애도
자기격려 ↔ 격려,　자기극복 ↔ 겸손,　자기인내 ↔ 관대,　자기약속 ↔ 의리,　자기해학 ↔ 유머

기존의 자존감과 인성교육의 영역은 매우 방대합니다. 그러나 자기우정 영역은 다른 사람과 화목하게 살아가기 위한 최소한의 20조목으로 구성하였습니다. 각각의 조목은 마치 꽃잎처럼 다른 조목들과 일부분 겹치기도 합니다. 자기우정 20조목은 우정 20조목과 각각 연결됩니다. 자기우정 20조목은 자신을 존중하고 사랑하되, 자신을 객관적으로 바라보는 과정을 포함합니다. 나를 전적으로 수용하기도 하지만 날카롭게 비판할 수도 있지요. 자기우정 교육은 자기와의 우정, 타인과의 우정을 키우며 화목하게 살아가도록 돕는 것을 목표로 합니다. 우리는 이를 통해 평화로운 세상을 만들 수 있습니다.

이 책은 천천히 깊이 생각하며 읽기를 바랍니다. 각 장의 시를 통해 조목의 내용을 직관적으로 이해하고, 사례나 이야기를 읽을 때는 자신을 비추어 보십시오. 글을 읽으면서 떠올랐던 생각 조각들을 따라 시간여행을 해 보는 것도 좋습니다. 본문 첫 문단의 자기우정 덕목과 마지막 문단의 우정 덕목이 어떻게 상호작용하는지도 생각해 보십시오. '깊이 생각하기'는 여러분이 자신을 돌아보고 숙고하는 데 매개가 될 것입니다. 인천 한 중학교에서는 한 학년 전체가 매일 아침 10분, 자기우정 한 조목씩을 읽는다고 합니다. 공동체 생활을 시작하기 전에 스스로 성찰하며 마음을 조율하는 것은 화목한 하루를 사는 데 큰 보탬이 됩니다.

또 책을 여러 번 읽어 보기를 권합니다. 자기우정은 한 번 깨달았다고 영원히 얻어지는 것이 아닙니다. 끊임없는 노력과 훈련으로 근육이 생겨야 습관이 되고, 사용하지 않으면 다시 소실되고 맙니다. 우리의 마음과 생각은 의식하지 않는 한 늘 해 오던 편한 길을 택하려는 경향이 있기 때문입니다. 저자인 저도 글을 쓰고 교열하며 여러 차례 이 책을 읽었습니다. 그때마다 그 상황에 맞는 자기우정 조목이 저에게 도전이 되곤 했습니다.

'자기 대화하기'는 가능하다면 안네의 일기처럼 별도의 공책을 마련하여 글로 적어 볼 것을 추천합니다. 저는 자기우정에 대한 강연 기회가 있을 때 자신에게 편지를 쓰는 시간을 드리곤 합니다. 처음에는 이런 것을 왜 하나 싶은 표정을 짓던 분들이 글을 쓰다가 눈물을 흘리는 것을 종종 보게 됩니다. 아마도 솔직한 마음을 마주했을 것이고 자기위로와 자기격려, 자기비움 등이 있었을 것입니다. 어떤 내용을 적었는지는 전혀 알 수 없습니다. 우주만큼 다양한 사연들이 있었겠지요. 자기 자신은 그 모든 이야기를 잘 알고 이해하는 유일한 존재이니 아마도 비밀스러운 대화를 할 수 있었을 것입니다. 이렇게 우리 자신은 정말 둘도 없는 좋은 친구입니다.

자기우정 스무 가지 조목 중에서도 사람마다 더 강하고 약한 조목이 있습니다. 평소에 많이 사용하는 조목은 더 강하겠고 그렇지 않은 조목은 약할 것입니다. 오랫동안 라켓 운동을 한 사람들의 오른팔이 상대적으로 굵고 힘이 센 것과 같습니다. 우리는 스무 가지 조목이 골고루 자라도록 해야 합니다. 모두 똑같아야 한다는 의미는 아닙니다. 지나치게 치우치지 않도록 살펴야 한다는 뜻입니다. 그 어떤 상황에도 덮어놓고 자기감사에만 치우친다면 합리적인 비판을 할 수 없습니다. 또 자기인내만 하면서 스스로 채찍질하고 마음을 억누른다면 위로받지 못한 몸과 마음은 상하고 맙니다. 우리는 자기우정의 현재 상태를 확인하고 잘 자라지 못하는 조목을 다시 세우며 균형을 잡아야 합니다. 자신의 자기우정 실태를 진단하는 활동자료는 따돌림사회연구모임(http://www.antibullyingsociety.com) 홈페이지에서 내려받을 수 있습니다. 또 우정팀의 책인 『학급 혁명 10일의 기록』에서 자기우정 교육의 사례와 자료(4막)를 볼 수 있으며, 『교실, 평화를 말하다』의 1부에는 자기우정 교육의 필요성이 에세이 형식으로 소개되어 있습니다. 자기우정의 개념과 20개의 조목에 대한 이론적 배경은 방대하고 어려울 수 있어 언급하지 않으려고 합니다. 다만 더 깊은 이해를 원하는 독자들을 위하여 이 책의 부록으로 넣었습니다. 부록에 소개된 도서들을 참고하여 심층 독서를 하는 것도 좋을 것입니다.

책에 나오는 출처가 없는 사례는 저자들의 이야기이며 우화는 조목에 맞게 창작한 것들입니다. 또 작가명이 없는 시는 모두 따돌림사회 연구모임의 명예 대표인 김경욱 선생님이 지은 것입니다. 그중 처음 소개하는 「내가 나를」이라는 시는 노래(이혜미 작곡)로 제작되어 많은 사람이 부르고 있습니다. 자기우정이라는 개념이 낯설고 어색하게 느껴진다면 책을 읽기 전에 먼저 이 노래를 들어 보는 것도 좋습니다.

내가 나를

김 경 욱

내가 나를 내가 나를
내가 나를 내가 나를
위로해 줘요 격려해 줘요
내가 일으켜 줘요

남모르게 아파 오면 내가 감싸 줘요
혼자 있어 외로우면 내가 가까이 가요
짓밟히고 억울하면 내가 위로해 줘요
눈물 맺히면 때로는 내가 흐르게 해요
남의 눈물 지워 주려 나의 눈물 그쳐요

남을 이기기 위한 자존감을 싫어해요
나를 이겨서 얻는 자부심을 좋아해요
쓸데없는 자기 자랑 부끄러워해요
나와 싸워 이기라고 내가 일으켜 줘요
옳은 일에 망설이면 내가 격려해 줘요

차 례

자기인지

자신을
바르게 대하기

실천적 지혜

생각하고 생각합니다
행동하기 전에 생각합니다
어떤 감정이 일어나는 그 순간
감정에 대해 생각합니다
중요한 결정을 할 때는
내 행동이 옳은지 그른지
그 결과가 어떨지 미리 생각해 봅니다

바둑을 두듯이 장기를 두듯이
미리 앞을 내다보려고 노력합니다
행동한 다음에도 생각합니다
숙고는 충동의 반대입니다
자기가 자기를 조절하려면
생각하고 또 생각해야 합니다

숙고는 감정보다 이성을 내세우는 겁니다
지식도 제때 사용하지 못하면 유명무실해집니다
신중해지라는 것이지
완벽해지라는 것이 아닙니다

사람이나 세상만사가 늘 변하고
입장과 처지에 따라
사람들의 생각이 다르다는 걸
늘 생각하며 살아가는 것입니다

자기숙고와 경청

자기숙고 나를 곰곰이 생각하기

나 자신을 총체적으로 관찰하고
깊이 생각하는 것이 자기숙고입니다.
단순하게 보이는 사건들도 쉽게 생각하지 않고
다각적으로 바라보아야 합니다.
사물을 바라볼 때 전체적으로 볼 수도 있고
개별적이고 세부적으로 볼 수도 있습니다.
과거· 현재· 미래의 시점에서 바라보고
놓치는 것들이 없는지 다시 살필 수도 있습니다.
단편적인 지식으로 판단하거나 즉흥적으로 처리하여
일을 그르치지 않기 위해 우리는 깊이 생각해야 합니다.

경은이는 오디션 프로그램을 보고 아이돌을 꿈꿨어요. 그래서 부모님을 졸라서 오디션 전문 학원에 다니게 되었지요. 하지만 학원 생활은 너무 힘들었어요. 매일같이 정해진 시간만큼 복식 호흡, 피아노 개인 지도, 발성 연습, 댄스 연습까지 쉬운 것은 하나도 없었어요. 그래도 경은이는 화려한 조명 아래서 팬들의 환호성을 받으며 신나게 노래하는 모습을 상상하면서 열심히 연습하였어요.

학원에서는 한 달에 한 번씩 연습생의 노래와 춤을 평가하는 시간을 가졌어요. 경은이는 어느 순간부터 이 시간이 부담스럽기 시작했어요. 사실 경은이는 목이 너무 약해서 조금만 노래를 해도 목이 쉽게 쉬었고, 춤 연습을 많이 한 날에는 다리가 아파 잠도 편히 못 잘 정도였지요. 만족할 만큼 충분한 연습을 하기 힘들었던 경은이는 자신의 춤과 노래가 늘 맘에 들지 않았어요. 하지만 다른 친구들이 준비한 춤과 노래는 정말 감탄할 정도였지요. 여느 아이돌의 모습과 다르지 않았어요.

어느 날 집에 돌아온 경은이는 오랜만에 일기장에 글을 썼어요.

'나는 아이돌이 될 수 있을까? 나에게 의욕만큼 재능이 있는 것일까?'

학원에 다니는 수많은 연습생이 데뷔도 못 하고 결국 그 길을 포기한다는 이야기를 많이 들었어요. 경은이는 자기 자신에 대해 한참을 생각했어요. 그리고 인정할 수 있었어요. 열심히 연습해서 발전할 수 있는 것도 있지만, 노력으로 극복할 수 없는 부분도 있다는 것을요. 그 후 경은이는 부모님과 이야기를 나누었어요. 오랜 시간 이야기를 나누고 또 나누었지요. 그리고 결국 학원을 그만두기로 했어요. 하지만 후회는 없었어요. 요즘은 매일 잠자리에 들기 전에 일기를 쓰고 자기 대화의 시간을 갖고 있어요. 자신을 알아 가고 진정한 꿈을 찾기 위해서 말이지요.

평화인성을 키우는 자기우정

많은 사람은 텔레비전이나 인터넷에서 보는 화려한 사람들의 삶을 꿈꿉니다. 그리고 그 삶이 쉽게 이루어질 것이라 착각하지요. 하지만 우리가 보는 화려한 모습이 그 사람의 전부가 아니란 걸 우린 가끔 잊곤 합니다. 그들은 뛰어난 재능과 열정을 가지고 있습니다. 그리고 그 위치까지 오기 위해 부단히 노력하며 온갖 시련을 이겨 냈을 것입니다. 재능과 열정, 노력이 만났을 것이며 운도 따랐을지 모릅니다. 하지만 우리는 어느 한쪽만을 단편적으로 생각합니다. 재능만 있으면 된다고 생각하거나 노력만 하면 모든 것을 이룰 수 있다고 생각합니다. 우리는 좋아하는 것뿐만 아니라 잘할 수 있는 것도 생각해 보아야 합니다. 나의 과거 경험, 현재의 환경과 자원, 나의 능력과 가능성, 미래의 사회 전망 등 다양한 각도에서 바라보고 곰곰이 생각하는 것이 바로 자기숙고입니다. 간단히 생각하거나 즉흥적으로 행동하지 않는 것이지요.

요즘 세상은 그 어느 때보다도 빠르게 돌아가고 있습니다. 며칠 만에 유행이 바뀌고 신제품이 나오는 세상을 그저 쫓아가기만 해도 바쁩니다. 생각할 겨를이 없지요. 물건을 사는 것을 예로 들어 볼까요? 예전에는 매장에 가서 직접 만져 보고 직원의 설명도 들어 보며 물건을 신중히 샀습니다. 그러나 이제는 몇 번의 간단한 클릭만으로 하루 만에 원하는 물건을 배송받습니다. 신속해진 쇼핑 문화가 우리 생활을 편리하게 만들었지만, 그로 인해 쇼핑 중독과 충동구매가 많아졌습니다. 이런 현대인의 심리를 이용해 온라인 쇼핑몰이나 홈쇼핑 방송에서는 극적이고 과장된 제품 사용 후기나 광고 문구를 이용해 사람들을 현혹합니다. 광고를 본 사람들은 그 물건이 없으면 안될 것 같은 조바심이 듭니다. 하지만 배송된 제품을 열어 본 순간 후회가 됩니다. 사진과 다르거나 생각보다 품질이 좋지 않은 경우도 간혹 있겠지만 결정적으로 내게 꼭 필요한 물건이 아님을 깨닫기 때문입니다. 처음 며칠 마음에 들었다고 해도 창고에 쌓여 가는 물건 중 하나가 될 수도 있습니다.

그래서 그 어느 때보다 깊이 생각하고 물건을 구매하는 자세가 필요합니다. 많은 쇼핑 전문가들은 물건을 구매하기 전에 그 물건을 장바구니에 10일 정도만 넣어 두라고 합니다. 충분히 생각한 후에도 그 물건이 갖고 싶다면 그때는 사도 좋다는 것이지요. 하지만 어떤 사람들은 자기가 그 물건을 장바구니에 넣어 놨다는 것조차 잊어버릴 것입니다.

물건을 사기 전에 그것이 정말 나에게 필요한 것인지, 가격은 적당한지, 내가 가진 다른 물건들과 어울리는지 등을 충분히 생각하고 구매해야 현명합니다. 이렇게 자기숙고를 하는 습관은 한쪽으로 치우치지 않는 균형과 분별력을 갖게 합니다.

자신에 대해 곰곰이 생각하고 내면의 소리에 귀를 기울이지 않는 사람은 다른 사람의 말도 귀 기울여 들을 수 없습니다. 자기 마음이 진정 원하는 것을 알아차리기 위해서는 온 마음과 정성을 다해 자기 자신을 들여다봐야 합니다. 자기 마음의 소리를 듣게 된 사람은 이러한 성공 경험이 쌓여 다른 사람의 말과 행동을 경청할 수 있는 능력을 갖추게 됩니다. 그는 다른 사람의 이야기를 자세히 듣기도 하고 객관적으로 듣기도 하며, 말하는 사람의 언어뿐 아니라 표정과 에너지를 살피면서 총체적으로 들을 것입니다. 이것이 바로 진정한 경청입니다. 경청에서 '청(聽)'의 뜻을 자세히 살펴보면 임금이 백성에게 귀를 기울이듯 듣고 열 개의 눈으로 보듯 집중해서 들으며, 상대와 하나의 마음으로 들어야 한다는 의미가 담겨 있습니다.

聽	耳王	임금이 백성의 소리에 귀 기울이듯 귀로 열심히 듣기
	古	열 개의 눈으로 보듯 집중해서 듣기
	心	상대와 하나의 마음으로 듣기

이렇듯 경청하기는 쉬운 일이 아닙니다. 온전히 자신의 선입견을 버리고 온 정성을 다해 상대방의 말, 태도, 에너지, 목소리 톤, 표정 등을

알아차리며 상대방의 입장이 되어야 하기 때문입니다. 또 상대방이 하는 말을 전체적 맥락 속에서 이해하고, 말하고자 하는 숨은 의도까지 생각하는 것이 진정한 경청입니다.

경청 온 마음으로 듣기

경청이란 다른 사람의 말을 귀 기울여 듣는 것입니다.
그러기 위해서는 선입견을 버리고 상대의 입장이 되어야 합니다.
이야기를 들을 때는 먼저 사실이나 정보를 있는 그대로 듣고 파악합니다.
또 상대의 의도와 감정, 배경을 이해하려고 노력하면서
충분한 시간을 가지고 자세히 듣습니다.
말뿐 아니라 보이는 태도, 목소리의 톤, 표정 등을
총체적으로 듣도록 노력해야 합니다.

깊이 생각하기

- - - - - - - - - - - - - -

☆

충동적으로 행동하여 후회한 일이 있었나요?

☆

주변에 다른 사람들의 이야기에 경청을 잘하는 사람이 있나요?
그 사람은 어떤 사람인가요?

자기 대화하기

- - - - - - - - - - - - - -

'나는 어떤 사람인가?' 나에 대해 생각하는 시간을 충분히 가져 봅시다.
과거, 현재, 미래의 나에 대해 생각해 봅니다. 나의 강점과 약점,
내가 좋아하는 것과 싫어하는 것에 대해서도 곰곰이 생각해 봅시다.
나를 둘러싸고 있는 주변 환경과
그것이 나에게 미치는 영향도 고려해 봅니다.

마음의 문

내가 나에게 문을 닫아 버린다
내가 나를 보지 않는다
내 앞에서 사라져 버린 나
투명 인간이 되어 버린 나

부끄러워서 못 본 척 나를 감추고
알면서도 속아 넘어가는 나
유죄인 걸 알면서도 무죄라 변호하고
상황 탓, 자기합리화, 두둔하기 바쁘다
버림받은 내 앞에서 나는 시들어 간다

부끄러운 나를 숨기지 않고
뻔뻔하게 나를 속이지 않고
내가 나를 모르는 척하지 않고

내 마음의 문을 열어 주는 것
내 모습 그대로 바라보는 것
내가 나를 대면하고 사는 것
내 마음의 정원에서 양심의 싹을 키워 가는 것

그것이
자기개방이다

자기개방과 정직

자기개방 나에게 솔직하기

자기개방이란 자기 자신에게 솔직해지는 것입니다.

우리는 종종 자신을 속이기도 합니다.

자신의 잘못이나 실수를 덮어 버리거나 속마음을 모르는 척합니다.

이렇게 자신에게 거짓말을 계속하다 보면

자신뿐 아니라 다른 사람까지 속이게 됩니다.

자신의 마음과 생각을 숨기거나 꾸미지 말고

나에게 솔직하게 말하고 인정해야 합니다.

나에게 솔직할 수 있어야 다른 사람들에게 정직할 수 있습니다.

어느 날엔가 평소에 잘 하지 않는 색조 화장품을 사 보았습니다. 화장품 모델의 화사한 모습이 예뻐 보여서 그랬나 봅니다. 다음 날 아침 일찍 일어나 볼 터치를 해 보았습니다. 눈에 띄지는 않지만, 왠지 더 발랄하고 생기가 있어 보여서 기분이 좋았습니다. 걸어가던 중 친구를 만났습니다. 친구는 "오! 볼 터치했네? 예쁘다." 하고 칭찬을 했습니다. 그 순간, 나는 정색을 하고 "아니, 안 했는데? 나 화장 잘 안 하잖아."라고 거짓말을 하였습니다. "한 것 같은데…. 여기 빨간데?" 친구는 의아스러운 표정으로 말했습니다. "아니야! 안 했어. 늦을까 봐 뛰어와서 그래." 나는 절대 아니라고 고개를 저었습니다. 친구는 이상하다는 표정이었지만 중요하지 않다는 듯 다른 이야기를 이어 갔습니다. 그 이후 친구와 어떤 이야기를 했는지는 잘 기억나지 않습니다. 아마 일상적인 이야기를 나누었겠지요. 도대체 왜! 무엇 때문에! 나는 이렇게 빤히 보이는 거짓말을 했을까요? 생각해 보면 나는 외모를 가꾸는 사람들을 속물이라 생각하고 낮춰봤던 것 같습니다. 나는 고상한 철학과 이상을 추구하는 높은 차원의 사람으로 인정받고 싶었나 봅니다. 사실은 여느 또래 사람들처럼 예뻐 보이고 싶은 당연한 마음이 있으면서 말이지요. 내 마음을 속이고 다른 사람을 속인 것입니다.

위의 이야기는 지혜 씨의 이야기입니다. 이날의 기억이 불쑥불쑥 떠오르면 지금도 지혜 씨는 부끄러운 마음이 든다고 합니다. 알고 속이든 모르고 속이든, 우리는 자기 자신과 남을 속일 때가 있습니다. 정직하게 사는 것이 바르고 옳다는 것을 모르는 사람은 없습니다. 그러나 정직하게 백만장자가 된 사람은 없다는 말처럼 남을 속이고 아첨하며 적당히 꾸미는 사람들이 더 잘 사는 것을 쉽게 볼 수 있습니다. 사람들은 그들을 손가락질하면서 다른 한편으로는 부러워합니다. 거짓말을 잘하는 것도 하나의 능력이라고 인정하는 이런 세상에서 정직한 사람은 순진하고 어리석어 보일 수 있습니다. 우리는 정직하게 살기 어려운 시대를 살고 있습니다.

상대방에게 좋게 보이고 싶어서 혹은 원하는 것을 얻기 위해 있는 척, 없는 척, 아는 척, 모르는 척하는 위선적인 행동들은 처음에는 잘 속인 것처럼 보이지만 결국 오래가지 않아 들통나는 경우가 많습니다. 믿었던 사람들은 배신감을 느끼고 더는 그 사람과 깊은 관계를 맺고 싶어 하지 않을 것입니다. 또 속지 않기 위해 모든 것을 의심하게 됩니다. 서로를 믿지 못해 움츠리고 방어하며 사는 사람들로 가득한 세상을 상상해 보십시오. 얼마나 외롭고 고통스러울까요? 우리는 이기심과 두려움을 이겨 내고 위선과 거짓에 갇힌 사람들에게 정직의 손을 내밀어야 합니다. 그리고 그 누구보다 먼저 우리 자신과 손을 잡아야 합니다. 우리는 다른 사람을 속이기 전에 자기 자신을 속이기 때문입니다.

거짓말을 하면 얼굴이 빨개지고 딸꾹질을 하는 한 남자가 있었습니다.

"사실 좀 전에 기분 나빴지?"

"아니야, 아무렇지도 않았는데? 딸꾹."

"왜 늦었어?"

"어, 차가 밀려서. 딸꾹."

거짓말을 하면 숨길 수가 없기 때문에 사람들은 금세 남자의 사정을 눈치채고 이해했습니다. 사람들은 꾸밈없이 진솔한 그를 좋아했지만, 남자는 그런 자신의 모습이 못마땅했습니다. 그는 소심하고 만만한 사람보다는 대범하고 강인한 사람으로 보이고 싶었기 때문입니다. 남들처럼 허세도 부리고 싶었습니다.

어느 날 남자는 길가에 쓰러져 있는 노파를 도와주었습니다. 남자의 도움으로 목숨을 구한 노파는 은혜를 갚겠다며 소원 하나만 말해 보라고 하였습니다. 남자는 노파의 말을 믿지 않았지만 밑져야 본전이다 싶었습니다. 그는 거짓말을 할 때마다 얼굴이 빨개지고 딸꾹질하는 걸 멈추게 해 달라고 빌었습니다. 하룻밤 자고 일어나면 소원이 이루어질 거라는 노파의 말은 진짜 현실이 되었습니다.

"이것 좀 줄 수 있어?"

"그 정도쯤이야. 난 필요없으니 얼마든지 가져가."

진심이 아닌 말을 하는데도 얼굴색은 그대로였고, 딸꾹질도 나오지 않았습니다. 남자는 소원이 이루어진 것이 신기했습니다. 처음엔 착한 거짓말 정도는 괜찮겠지 싶어 마음껏 꾸며 말하기 시작했습니다. 그러다가 남자는 점점 천연덕스러워졌습니다. 남자는 착한 거짓말뿐만 아니라 나쁜 거짓말도 잘하게 되었습니다.

"이런 거 해 본 적 있어?"

"물론이지. 난 안 해본 일이 없다구."

거짓말이 늘다 보니 점점 무엇이 거짓말이고 진실인지도 헷갈리게 되었습니다. 남자는 자신이 대단한 사람이 된 것 같은 착각에 빠졌지만, 사람들은 그의 말이 대부분 거짓임을 알아차리기 시작했습니다. 어떤 이들은 그의 허세를 간교하게 이용하기도 했으며 그를 멀리하고 수군수군 욕하는 사람도 점점 늘어 갔습니다.

거짓말을 잘하게 된 남자는 어떻게 되었을까요? 이 이야기에서 얼굴이 빨개지거나 딸꾹질하는 것은 자기개방을 비유적으로 표현하는 것입니다. 남자는 얼굴이 빨개지고 딸꾹질하는 것을 통해 자신이 스스로 속이는 순간을 알아차릴 수 있었습니다. 이러한 자기개방이 사라지면 타인에게 거짓말을 쉽게 할 수 있습니다. 거짓말을 하면 나타나는 딸꾹질과 같은 증상은 사람마다 다릅니다. 여러분의 딸꾹질은 무엇인가요? 어떤 사람은 목소리가 작아지기도 하고, 말을 더듬기도 할 것입니다. 또 목소리가 떨리거나 어색한 표정을 짓는 사람도 있을 것이고, 가슴이 뜨끔하거나 두근거리는 사람도 있을 것입니다. 그러나 계속 거짓말을 하다 보면 그러한 증상도 줄어들게 될 것입니다.

그렇다면 착한 거짓말은 괜찮을까요? 사람들은 거짓말을 했다는 자체보다 숨겨진 의도가 중요하다고 생각합니다. 그러나 착한 거짓말의 기준은 내가 주관적으로 세워서는 안 됩니다. 객관적으로 봐야 하지요. 엄밀히 따지고 보면 선의로 하는 거짓말은 아주 특수하고 예외적인 경우를 빼고는 일상에서 찾기 쉽지 않습니다. 사람들은 남이 불편할까 봐 배려한다는 핑계로 선의의 거짓말을 악용할 때가 있습니다. 특히 약속이나 규칙을 어긴 이유를 둘러댈 때 사용하지요. 사람들은 자신이 불편한 걸 피하고 싶어서 하는 거짓말을 마치 남 때문에 한다는 식으로 합리화하면서 이를 선의의 거짓말이라고 자기 마음대로 규정하는 경우가 많습니다. '모르는 게 약이다.'라는 속담을 아무 경우에나 적용하고 속이는 것이지요. 갈등을 피하고자 혹은 다른 이유로 거짓말을 하는 횟수가 늘면서 딸꾹질은 점점 멈추게 됩니다. 그리고 사람의 마음은 점점 뻔뻔스럽게 변합니다.

우리는 자기 생각과 마음을 거울을 보듯 그대로 들여다보아야 합니다. 거울을 깨끗이 닦은 후 자신을 정면으로 응시해야 합니다. 있는 그대로의 나를 보기 위해서는 용기와 의지가 필요합니다. 그리고 자신의 불안함, 두려움, 고통 등의 감정을 받아들이고 반성도 해야 합니다. 자기 잘못은 숨겨 놓고 잘한 것만 기억한다면 발전할 수 없습니다. 자기 자신에게 정직하지 않은 사람은 다른 사람에게도 솔직할 수 없습니다. 정직하게 표현하고 마음을 나누는 것은 화목한 관계를 맺는 첫걸음입니다.

정직 거짓말하지 않기

정직이란 다른 사람에게 거짓말하지 않는 것입니다.

사람들은 창피하지 않으려고 혹은 이익을 얻기 위해서 거짓말을 합니다.

거짓을 숨기려 또 다른 거짓말을 하거나

오히려 뻔뻔하게 행동하기도 합니다.

거짓말을 일종의 능력 또는 처세술이라고 생각하는 사람도 있습니다.

잘못했다면 인정하고, 변명하거나 핑계 대지 말아야 합니다.

거짓말하지 않고 사실 그대로 말할 수 있는 사람은

진실하고 용기 있는 사람입니다.

깊이 생각하기

☆
자신의 행동이나 생각들을 변명하거나
그럴듯한 이유를 들어서 꾸미고 스스로 속인 일이 있나요?

☆
남이 불편할까 봐 배려한다는 핑계로
선의의 거짓말을 악용한 경우가 있었나요?

자기 대화하기

솔직하게 말하는 것은 용기와 의지가 필요합니다.
자기 자신의 상황과 현재의 상태를 꾸미지 말고 적어 보세요.
어떤 이야기도 괜찮습니다. '나'라는 친구는
이 세상에서 가장 비밀을 잘 지키는 친구입니다.

참회록

윤동주

파란 녹이 낀 구리거울 속에
내 얼굴이 남아 있는 것은
어느 왕조의 유물이기에
이다지도 욕될까

나는 나의 참회의 글을 한 줄에 줄이자
―만(滿) 이십사 년 일 개월을
무슨 기쁨을 바라 살아왔던가

내일이나 모레나 그 어느 즐거운 날에
나는 또 한 줄의 참회록을 써야 한다
―그때 그 젊은 나이에
왜 그런 부끄런 고백을 했던가

밤이면 밤마다 나의 거울을
손바닥으로 발바닥으로 닦아 보자

그러면 어느 운석 밑으로 홀로 걸어가는
슬픈 사람의 뒷모양이
거울 속에 나타나온다

자기비판과 공평

자기비판 내 생각 따져 보기

자신의 언행을 살펴보고 반박하고 충고하는 것이 자기비판입니다.
다른 사람을 판단하기는 쉽지만
자기 자신을 비판하기는 쉽지 않습니다.
우리는 자신의 생각과 감정이 옳다고 생각합니다.
오랫동안 쌓아 온 나만의 경험과 생각에 익숙해졌기 때문입니다.
따라서 오류의 가능성을 생각하고 자신을 돌이켜 보아야 합니다.
스스로 점검하고 수정해야 아집과 독선에 빠지지 않고
바르게 생각하고 행동할 수 있습니다.

　　좋은 친구 또는 우정의 요소를 말할 때 빠지지 않는 것이 진심 어린 충고입니다. 듣기 좋은 말로 칭찬만 하거나, 아부하는 것은 이기적인 본심에서 우러나옵니다. 그것은 타인의 환심을 살 수는 있으나 우정을 돈독하게 쌓아 올리는 데는 걸림돌이 됩니다. 진정한 친구라면 약이 되는 비판과 충고를 해 줄 수 있어야 합니다. 이렇듯 자신과 우정을 쌓기 위해서는 자기비판이 필요합니다.

이솝 우화에 이런 이야기가 있습니다. 프로메테우스가 사람을 만들었을 때 자루를 두 개 달아 주었습니다. 하나는 다른 사람의 흉이 들어 있는 것이고 다른 하나는 자기의 흉이 들어 있는 것입니다. 프로메테우스는 남의 흉이 든 자루는 앞에 달아 주고, 다른 자루는 뒤에 달아 주었습니다. 그래서 사람들은 남의 흉은 대번에 볼 수 있지만 자기의 허물은 잘 보지 못한다고 합니다. 우리는 남의 허물은 쉽게 판단하고 비판합니다. 그러나 자신의 허물은 객관적으로 보기 어렵고, 그렇기에 바르게 판단하기는 더 어렵습니다.

우리는 내가 보고 들은 것이 사실이자 진실이라고 믿습니다. 내가 생각한 것이 정답이라는 잘못된 생각을 알게 모르게 갖고 있습니다. 만약 노란 안경을 쓴 사람이 있다면 이 사람에게 세상의 모든 것은 노랗게 보일 것입니다. 파란 하늘도 노란 하늘로, 하얀 목련꽃도 노란 꽃이라고 생각할 것입니다. 주변 사람들이 아무리 파란 하늘과 하얀 목련꽃을 얘기해도 이 사람은 다른 사람의 이야기를 이해하기 어려울 것입니다. 자신이 색안경을 끼고 있다는 사실을 인식하기 전에는 말이지요. 지금까지 내가 본 것이 노랗다고 세상이 노란 것은 아닙니다. 사물을 정확히 보려면 내가 색안경을 쓰고 있는 것은 아닌지, 나의 안경에 왜곡이 있지는 않은지 점검해야 합니다. 이 점검의 자세가 자기비판입니다. 자기비판을 통해 자기 생각의 출처를 꾸준히 의심하고 비판적으로 사고할 수 있다면 우리는 삶에서 발생하는 무수한 실수와 오류를 줄여 나갈 수 있을 것입니다.

철학자 프랜시스 베이컨(Francis Bacon)은 인간에게 있는 네 가지 우상에 대해 말합니다. 무엇이든 인간 중심으로 바라보는 종족의 우상, 개인의 좁은 경험이 전체의 생각이라고 착각하는 동굴의 우상, 정확하지 않은 말 때문에 개념적으로 혼란과 편견을 갖는 시장의 우상, 전통과 관습이 무조건 옳다고 생각하는 극장의 우상이 그것입니다. 이와 같이 자신의 틀 안에서 모든 것을 판단하고 해석한다면 우리는 진리에 도달할 수 없습니다. 자기비판은 자기 안의 우상을 점검함으로써 건강한 자아상을 찾아갈 수 있도록 도와줍니다.

우리는 자기신뢰를 바탕으로 자기비판을 할 수 있어야 합니다. 만약 자기비판이라는 이름으로 근거나 대안 없이 자신을 깎아내리고 흠 잡는다면 그것은 자기비난에 불과합니다. 자기비판은 객관적인 태도로 문제점을 지적하고, 자신에게 건설적인 대안을 제시해 주는 것입니다. 우리는 내가 마치 다른 사람인 것처럼 질문하면서 자신의 판단과 행동에 대하여 따져 보고 반박해 볼 수 있습니다. 이러한 인식의 과정을 통해서 우리는 스스로 공정하고 건설적인 평가와 충고를 할 수 있습니다.

비판은 대부분 타인을 향할 때가 많으며, 종종 비난이 되기도 합니다. 비판은 반성을 위한 충고의 의미로 '권고'의 뜻이 있지만, 비난은 이러한 뜻이 빠진 채 상대를 미워하며 나쁘게 말하는 것에 지나지 않습니다. 저명한 사람들이 텔레비전에 나와 토론하는 것을 보면 상대방의 의견을 이성적으로 보지 못하고 그건 내 생각과 다르고 틀렸다는 말로 일관하는 때가 있습니다. 상대방의 주장에 대한 근거를 정확하게 파악하여 논리적으로 문제를 제기하는 것이 아니라 감정적으로 대응하며 인신공격을 퍼붓기도 합니다. 토론이라는 말이 무색할 정도로 파괴적이고 소모적일 때도 있습니다. 이렇듯 우리는 종종 서로의 생각이 다른 것과 상대방의 논리나 근거가 틀렸다는 것을 혼동하는 경우가 많습니다.

공정하고 건전한 비판과 비평은 우리 사회의 발전을 위해서도 꼭 필요한 덕목이라고 볼 수 있습니다. 정당하게 비판하는 사람을 곡해하고 비난하며 아무런 대안 없이 매도하는 문화가 사라지지 않으면 사회는 정체되고 심각한 경우 부정부패가 만연해집니다. '물에 물 탄 듯, 술에 술 탄 듯', '좋은 게 좋은 거', '가만히 있으면 2등이라도 가지', '모난 돌이 정 맞는다.'라는 관용어들 뒤에 숨어 안주하기보다는 비판이라는 객관적인 태도를 보이는 것이 중요합니다.

자기비판에 익숙한 사람은 다른 사람의 비판을 수용할 수 있습니다. 반면 자기 스스로 완벽하다고 착각하는 사람은 다른 사람의 비판을 공격받는 것으로 여기고 끊임없이 자기합리화합니다. 자기비판은 비난과 비판을 구분하지 못해 생기는 인간관계의 실수를 예방할 수 있습니다. 누군가 자신을 비판할 때 겸허히 자신의 부족한 점들을 돌아볼 수 있다면 우리는 한 단계 성장할 수 있습니다.

살다 보면 내 의도와는 다르게 타인에게 비난이나 손가락질을 받을 때가 있습니다. 억울한 마음이 들 수도 있겠지요. 이럴 때 자신을 변호하기 위해 다른 사람을 찾아가기 보다는 스스로 비판해보는 시간을 갖는다면 문제를 공정하게 풀어 나가는 데 도움이 됩니다. 상대의 흠을 먼저 보기보다는 '내 잘못도 있을 거야.', '내가 나도 모르게 오해살 만한 행동을 하지 않았을까?'라는 자세로 접근한다면, 상대는 '저 사람이 공정하게 갈등을 풀어 나가려 하는구나!'라고 신뢰하며 문제해결의 기대와 의지를 갖게 됩니다. 이렇듯 자기비판은 타인과의 관계에서 필요한 공평의 가치를 찾아갈 수 있게 합니다. 나의 생각이나 의견만이 옳다고 해서도 안 되고, 다른 사람의 말에 쉽게 동조해서도 안 됩니다.

우리는 자신을 돌아봐야 합니다. 내 생각과 다른 관점에서 볼 수 있어야 합니다. 우리가 듣지 못한 작은 목소리에 귀 기울이고 바른 판단을 막는 것이 없는지 살펴봐야 합니다. 공평한 사람은 사회의 약하고 어려운 사람의 목소리에도 귀 기울입니다. 자기비판은 우리가 살아가며 겪는 인간관계와 사회생활에서 어느 한쪽으로 치우치지 않는 균형감을 갖게 합니다. 우리 사회에 공평한 중재자, 올바른 충고자가 많아진다는 것은 신뢰 사회로 나아가는 지름길일 것입니다.

공평 쉽게 편들지 않기

어느 한쪽으로 치우치지 않고
올바르게 생각하고 행동하는 것을 공평이라고 합니다.
스포츠에서 심판이 어느 편도 들지 않는 것과 같습니다.
공평하기 위해서 내 생각과 다른 관점에서 볼 수 있어야 합니다.
근거 없는 험담이나 소문을 듣고 쉽게 동조해서는 안 됩니다.
판단을 막는 부당한 압력이 있다면 저항할 수 있어야 합니다.
공평한 사람은 피해를 볼 가능성이 있는 사람들을 돕고
약하고 어려운 사람과 함께합니다.

깊이 생각하기

- - - - - - - - - - - - -

☆

주변에 자기 말만 옳다고 우기는 사람이 있나요?

그 사람에 대해 어떤 느낌이 드나요?

☆

다른 사람들의 말을 쉽게 믿고 동조하여 실수한 적이 있나요?

자기 대화하기

- - - - - - - - - - - - -

요즘 자신의 모습을 돌아보며 잘못된 생각이나 행동이 없는지 돌아봅시다.

자신에게 하고 싶은 충고가 있다면 질문하는 문장으로 바꾸어

묻고, 대답해 봅시다.

깊게 새겨진 상처

김태영

말이 남긴 상처가
몸에 새겨지다

한 번 생긴 상처는
시간이 지나도
그 자리 그대로 남아

가장 깊은 상처를 남긴
사람은
누구일까?
들여다보니
바로 나

남들과
비교하며 쏟아 낸 말

쉽게 포기한다
질책했던 말

미안하다
철없이
입힌 상처에

사과한다
내가 흘린 말들로
상처받은 나의 세포에게

자기사과와 사과

자기사과 나에게 사과하기

자기사과는 나에게 미안한 마음을 갖는 것입니다.
어려움과 고통은 외부에서 주어지기도 하지만
자신에게 원인과 책임이 있을 때도 많이 있습니다.
이것을 솔직하게 인정해야 합니다.
나의 어리석음, 지나친 욕심, 착각 등으로 인해
자기를 고통스럽게 한 일이 있다면
핑계 대거나 변명하지 않아야 합니다.
자신의 잘못을 인정하고 스스로 사과할 수 있는 사람만이
타인에게도 사과할 수 있습니다.

재호 씨는 병상에서 오랜 시간을 보냈습니다. 80번째 생일이 되던 어느 날, 그는 삶을 마쳤습니다. 생을 마감하는 날, 하늘에서 내려온 저승사자는 재호 씨를 바라보며 말했습니다.

"몸에 있는 상처들을 치유하고 하늘로 올라가야 합니다. 당신의 몸에 상처를 남긴 사람들의 꿈속으로 들어가세요. 그 사람들에게 진

정한 사과를 받고 그들을 용서해야 몸에 생긴 상처가 사라집니다.”

재호 씨가 사자의 말대로 하자 몸에 생긴 상처들이 모두 사라졌습니다. 사자는 그를 하늘 문 앞으로 데려갔습니다. 거기에는 커다란 거울이 있었습니다. 재호 씨가 거울 앞에 서자 지금까지는 보이지 않던 붉은빛과 푸른빛의 상처가 보였습니다.

“이 상처는 보이지 않았던 상처인데 어떻게 된 건가요?”

의아한 눈빛으로 재호 씨가 사자를 보며 물었습니다.

“지금까지는 살아 있는 사람들에게 사과를 받아 상처가 치유되었습니다. 하지만 이미 세상을 떠난 사람들에게 사과를 받지 못했습니다. 그 상처들입니다.”

재호 씨는 거울에 비친 상처들을 어루만졌습니다. 그러자 푸른빛의 상처가 유독 아프게 느껴졌습니다.

“사자님, 그런데 이 푸른빛 깊은 상처들은 무엇인가요? 무엇보다 더 고통스럽습니다.”

“그 상처들은 재호 씨가 자신에게 던진 말들로 인해 생긴 상처들입니다. 그 상처들은 오로지 당신만이 치유할 수 있습니다.”

재호 씨는 푸른빛으로 물든 상처가 너무나 많이 있다는 사실에 깜짝 놀랐습니다. 상처를 쓰다듬자 상처에서 차갑고 날카로운 말들이 쏟아져 나왔습니다.

“이 바보 같은 녀석아, 너는 왜 그것도 못하니? 한심한 녀석.”

“넌 실패자야, 누가 너 같은 걸 좋아하겠어.”

“이런 볼품없는 약골 같으니라고. 그럴 줄 알았어. 넌 안 돼!”

재호 씨의 눈에서 끝없이 눈물이 흘러나왔습니다. 눈물을 흘리고 있는 재호 씨의 어깨를 다독이며 사자가 말했습니다.

"진심으로 자신에게 사과하고 용서를 구하세요. 재호 씨는 누구보다도 자신이 주는 사랑이 필요했답니다."

재호 씨는 상처 하나하나를 어루만지며 자신을 향한 끊임없는 사과를 했습니다.

"미안해. 미안해. 더 사랑해 주지 못해서. 정말 미안해. 무엇인가 잘못되면 항상 내 탓을 해서."

재호 씨가 자신의 상처를 치유하는 과정은 몇 날 며칠이나 계속되었습니다. 끊임없이 흐르던 눈물이 말라갈 때 즈음, 몸의 푸른빛 상처는 보이지 않았습니다.

"이제 문에 들어갈 수 있습니다. 붉은빛의 상처는 하늘 문을 지나 그곳에서 치유하시기 바랍니다."

사자는 재호 씨의 손을 잡고 하늘 문으로 들어갔답니다.

이 이야기는 김태영 동화작가의 단편동화집에 나오는 글입니다. 재호 씨는 자신을 사랑하지 못하고 자책하고 비난하는 등 자신을 괴롭히며 살았습니다. 그의 수많은 생각과 말들은 평생에 걸쳐 스스로 깊은 상처를 새겼습니다. 재호 씨 몸에 난 이 푸른 상처들은 그가 스스로 만든 것이었습니다. 그는 평생 자기 자신을 조건 없이 사랑하지 못했으며, 심지어 자신이 조건 없이 사랑받을 가치가 있는 존재라는 것을 생각하지도 못했습니다. 재호 씨와 마찬가지로 우리 모두 역시 약점을 가지고 있고 실수도 하며 살아가고 있습니다. 그러나 이런 모습을 있는 그대로 받아들이지 못하고 끊임없이 자신을 들들 볶으며 자책하고 괴로워하곤 합니다. 급기야는 자신을 학대하기도 합니다.

하지만 인간이라면 누구나 존재 자체만으로 소중하며 사랑받을 자격이 있습니다. 물론 끊임없이 자신을 칭찬만 한다거나 실수나 잘못한 것에 대해서도 합리화하는 것은 자신을 사랑하는 태도라고는 볼 수 없습니다. 실망, 좌절, 고통, 슬픔과 같은 부정적인 감정들조차 포용하며 그 모습 그대로 전부를 인정하는 것이 진정으로 자신을 사랑하는 것입니다. 이는 분석심리학자인 칼 융(Carl Jung)의 "나는 옳은 사람이 되기보단 온전한 사람이 되고 싶다."라는 말과 일맥상통하기도 합니다. 자신을 온전히 알고, 있는 그대로의 모습을 받아들이는 사람만이 다른 사람도 소중한 존재로 여길 수 있으며 사랑할 수 있습니다. 그동안 성격, 외모, 형편 등의 여러 가지 이유로 만족하지 못하고 자신을 원망하고 자책한 일, 있는 그대로의 나를 받아 주지 않았던 일, 힘들었던 마음을 모른 체하거나 숨겼던 일, 당당하지 못했던 일 등에 대해 진심으로 반성하고 자신에게 진심으로 사과하고 화해하기를 바랍니다.

이렇게 자신에게 사과할 수 있는 사람은 다른 사람에게 잘못한 일에 대해서도 깊이 뉘우치고 반성하며 사과할 수 있습니다. 사람들은 다른 사람에게 사과하면 왠지 진 것 같아서, 또는 말했다가 용서받지 못할까 봐 미안하다고 말하기를 꺼립니다. 어떤 사람들은 자신의 거짓말이 들통나고 잘못이 공개되는 것이 창피하기 때문에 사과하지 않기도 하지요. 하지만 정작 자신이 한 거짓말과 잘못한 행동에 대해서는 부끄러워하지 않습니다. 사과하는 것이 창피한 것이 아니라, 사과하지 않는 것이 창피한 행동입니다. 지금 당장의 어색함과 부끄러움을 극복할 수 있는 용기가 있는 사람만이 자신의 잘못을 인정하고 사과할 수 있습니다.

『사과 솔루션』의 저자 라자르는 바람직한 사과의 네 가지 요소에 대해 말합니다. 잘못의 인정, 후회의 모습, 솔직한 해명, 합당한 보상이 그 네 가지입니다. 진정으로 사과를 한다는 것은 잘못을 확고히 인정할 뿐만 아니라 자신의 행동을 반성하고 다음에는 이런 일이 없도록 하는 것입니다. 상대방의 피해가 어떤 것인지를 자신이 잘 알고 있다는 것을 표현하고 상대가 원하는 보상이나 서면 사과, 공개 사과 등을 통해 상대방의 명예를 회복해 주어야 하지요. 해명해야 하지만 그것이 책임 회피를 위한 변명이 돼서는 안 됩니다.

일본은 우리나라를 침략하고도 아직 사과하지 않았습니다. 교토의 귀무덤에 가 보면 죽은 조선인들의 귀와 코가 묻혀 있습니다. 무덤을 얼핏 보면 학살한 조선인들의 명복을 빌어 주는 것처럼 보입니다. 그러나 무덤 위에 눌러놓은 큰 돌 비석을 보면 의아스러운 생각이 들고, 허름한 귀무덤 가까이에 있는 으리으리한 '도요쿠니 신사'를 보면 이것이 바로 도요토미 히데요시의 업적을 기리기 위한 전리품으로 존재한다는 것을 알 수 있습니다. 임진왜란 당시 조선인들을 죽이고 목 대신 귀와 코를 베어 오면 그 수만큼 포상했다고 합니다. 하여 수많은 조선인의 귀와 코를 소금에 절인 후, 바다 건너 교토로 보낸 것이지요. 일본이 진정으로 사과하는 마음이 있다면 귀무덤을 눌러 놓은 돌덩이들을 내려놓고 무덤을 이장해야 할 것입니다. 그러나 그들은 사과 솔루션의 어느 한 가지도 이행하지 않았습니다. 자신과 타인에게 진정으로 사과하기를 미루지 마십시오. 사과란 인간에 대한 기본적인 예의이기 때문입니다.

사과 남에게 사과하기

나의 잘못에 대하여 상대방에게 용서를 구하는 것이 사과입니다.
사람들은 용서받지 못할까 봐, 또는 약자로 여겨질까 봐
그 외에 여러 가지 두려움으로 사과하기를 꺼립니다.
오히려 적반하장으로 뻔뻔스러운 태도를 보이거나
다른 사람을 궁지로 내몰기도 합니다.
그러나 사과하는 것이 수치스러운 일이 아니라
사과하지 않는 것이 부끄럽고 비겁한 일이라는 것을 알아야 합니다.
용기 있는 사람만이 사과할 수 있기 때문입니다.

깊이 생각하기

☆

사과하지 못한 경험이 있었나요? 사과하지 못한 이유는 무엇인가요?

☆

나에게 사과할 일이 있나요?
내가 나를 무시하거나 괴롭게 한 것이 있는지 생각해 보세요.

자기 대화하기

나의 생활 속에서 크고 작은 사과할 일들을 찾아봅시다.
설령 그것이 아무리 사소한 것일지라도 나에게 사과하는 글을 써 봅시다.

동화 나라

외모와 아름다움에 집착한 그녀는
자신보다 예쁘다는 이유로
백설을 따돌리고 고립시킵니다

외모와 화려한 지위에 집착한 그는
벌거숭이 가장 멋진 옷을 뽐내면서
눈먼 백성들 사이로 행진합니다

자기를 모르는 순진한 백조는
오리를 흉내 내지만 미운 오리일 뿐
세상 평판에 어렵게 살아갑니다

어리석은 사람들을 만난 어린 왕자는
사막에서 우물을 찾고 우정을 배워
미워했던 사람들을 찾아갑니다

자기평등과 평등

자기평등 우열 따지지 않기

나와 남을 비교하여 우열을 가리지 않는 것이 자기평등입니다.
다른 사람들과 어울려 살다 보면 종종 자신의 부족함을 아쉬워하거나
나은 점을 다행이라 생각할 수도 있습니다.
그러나 그것으로 인해 주눅 들거나 잘난 체해서는 안 되며
나의 가치를 비교해서도 안 됩니다.
우리는 스스로 평등하게 대하며
최선을 다하는 것에서 삶의 의미를 찾아야 합니다.
이러한 사람은 남의 평가로부터 자유롭습니다.

　　우리는 종종 좋은 유전자를 타고났다는 말로 자신을 내세우거나
상대를 칭찬하곤 합니다. 좋은 유전자를 물려받는다는 것은 개인의 선
택이나 노력과는 무관하며 운에 좌우되는 것으로 믿었기에 과거엔 신
의 영역으로 간주하기도 했습니다. 그러나 이제는 과학기술의 발전을
통해 인간의 힘으로 범접할 수 없었던 우연의 영역마저 조작하고 예측
할 수 있게 되었습니다. 수많은 학자는 이와 같은 변화를 보며 미래 사

회에 등장할 문제에 대해 우려의 목소리를 내고 있습니다. 여러 가지 문제들 가운데 가장 인상 깊이 다가온 것은 '다양성을 잃어버린 유전자의 멸망 가능성'이었습니다. 사람들은 누구나 가장 인기있는 우수한 품종의 유전자를 갖고자 할 것입니다. 그러나 현재 우수하다고 생각되어 보존되는 유전자가 장차 어떤 박테리아의 공격에 무너질지 알 수 없다는 것입니다. 품종이 적은 바나나가 곰팡이의 공격을 받아 10년 이내에 멸종할 수 있다는 일부 전문가들의 예측은 유전적 다양성이 생태계에 얼마나 중요한지를 보여 줍니다. 이렇듯 여러 방면에서 다양성에 대한 중요성이 고조되고 있습니다. 그러나 우리는 여전히 정상과 비정상, 우월한 것과 열등한 것을 서열화하는 관습 속에서 살아가고 있습니다. 이러한 의식은 따돌림 문화를 만들어 내며 인간관계의 고립과 불안감을 확산시킵니다.

평화인성을 키우는 자기우정

『백설 공주』에 등장하는 왕비는 누구보다도 뛰어난 외모와 재력, 지위를 가졌지만 백설 공주의 아름다움과 젊음에 자신을 비교하며 시기와 질투에 사로잡힙니다. 자신의 마음을 제어하지 못한 왕비는 자신의 권력을 이용하여 백설 공주의 삶을 파괴하기에 이릅니다. 백설 공주를 해한 후에도 왕비는 여전히 거울을 보며 세상에서 가장 예쁜 사람이 누구인지 묻습니다. 거울이 이 세상에서 가장 예쁜 사람은 왕비라고 말해 주어도 왕비는 안심할 수 없습니다. 남과 비교하는 마음을 멈출 수 없기 때문입니다.

현실에서는 어떤가요? 성형과 관리, 혹독한 트레이닝으로 예쁜 모습, 더 멋있는 몸매를 갖더라도 다른 사람과 비교하는 마음이 지속하는 한 만족을 느끼기 어렵습니다. 살다 보면 자신보다 더 어리고 멋진 사람들을 계속해서 만나게 될 것이기 때문입니다. 더 똑똑한 사람, 더 돈이 많은 사람, 더 인기 많은 사람 등 여러 가지 기준으로 다른 사람과 비교하며 서열을 가리고 우월감이나 열등감에 사로잡혀 살아간다면 우리의 마음은 전쟁터가 되고 맙니다. 우리가 만나는 모든 사람이 경쟁자이며 적이 되기 때문입니다. 결국 자신의 질투심과 시기심에 갇힌 삶을 살게 될 것입니다.

사람들은 인기를 얻고 싶어합니다. 그러나 인기에 연연하여 이를 계속 유지하고자 한다면 그에 상응하는 대가가 필요합니다. 자신의 솔직한 모습과는 다른 가면을 쓴 채 타인이 원하는 모습으로 치장하고 연기해야 하지요. 세간은 이를 '자기 관리' 등의 표현으로 치켜세우기도 합니다. 하지만 인기를 목적으로 하는 자기 관리는 자신의 본 모습과 내면 가꾸기를 등한시하게 합니다. 벌거벗은 임금님의 이야기는 사람이 화려한 외모와 인기에 집착할 때 얼마나 우스꽝스럽고 어리석은 판단을 할 수 있는지를 잘 보여 줍니다. 겉으로 보기엔 무척 자신감이 넘쳐 보이는 임금님의 마음에는 백성들로부터 인정받지 못한다는 열등감이 존재하지 않았을까 추측해 봅니다.

더 높은 곳에 올라가서 박수를 받는 방법은 여러 가지가 있습니다. 자신을 채찍질하여 더 빨리 달리도록 끊임없이 괴롭히든지, 아니면 벌거벗은 임금님처럼 더 멋진 척, 있는 척하는 것입니다. 백설 공주의 여왕처럼 나보다 잘하는 사람을 끌어내리는 방법도 있겠지요.

"쟤 착한 줄 알았는데, 네가 상장 받을 때 보니까 살짝 얼굴이 안 좋아 보이더라. 아닐 수도 있지만 말이야."

"저분, 모두가 존경한다는데, 지난번에 휴지를 떨어뜨리는 척하면서 버리고 가더라. 진심이 뭔지 몰라."

이렇게 말하며 은근히 험담을 합니다. 사람들 사이에서 이간질하여 관계를 틀어지게 하거나, 다른 사람의 잘못을 과장하여 사회적 평판을 떨어뜨리려는 것이지요. 이러한 모습들은 모두 시기심과 열등감에서 비롯됩니다.

자기평등은 다른 사람과 자신을 비교하여 나음과 못함을 가리지 않는 것입니다. 우리는 모두 존엄한 인간으로 태어났으며, 각자 그 자체로 고유하고 소중한 존재이기에 본질적으로 평등합니다. 나도 다른 사람들도 이 세상에 둘도 없고 다시도 없는 사람인 것이지요. 나의 모습이 아니라 누군가의 모습으로 살기 위해 끊임없이 흉내 낸다면 자신만의 독특한 개성을 상실한 부자연스러운 모습이 되고 맙니다. 다른 사람의 삶 속에서 내 존재의 가치와 의미를 느끼기는 힘들 것입니다. 이는 자신이 백조라는 걸 모른 채 세상 평판에 힘겹게 살아가는 미운 오리의 모습과 다르지 않습니다. 사실상 다른 사람과 비교하지 않고 살아가는 것은 불가능하겠지요. 그러나 비교 끝에 자신을 낮춰 보거나 잘난 척하지 않아야 합니다. 우월감에 빠져 자기를 과장하면 나르시스처럼 도취될 수 있습니다. 반대로 열등하다고 생각하면 항상 어두운 얼굴로 살게 됩니다. 우리는 어리석은 비교와 경쟁으로 헛된 시간을 낭비하지 않도록 해야 합니다. 인정할 것은 인정하고 나는 나대로 최선을 다하며 성숙해지는 것이 중요합니다. 운을 타고난 사람이 정해져 있다는 생각에 사로잡히기보다는 자신의 때를 준비해 나가는 겸손과 여유를 가질 필요가 있습니다.

　　사람들은 사람을 처음 만나면 먼저 상대의 외모를 봅니다. 생김새와 옷차림을 보며 저마다의 계산법으로 셈을 하지요. 그리고 조금 가까워지면 나이를 묻습니다. 자기보다 나이가 많다고 하면 잘 부탁드린다는 뜻의 악수를 청하기도 하고 적다고 하면 어깨를 펴기도 합니다. 만남이 계속되는 동안, 키, 게임 레벨, 성적, 경제력 등 서열 전쟁은 계속됩니다. 우리는 부지불식간에 서열화 문화에 길들어 살아갑니다. 이러한 세상에서 자기 자신을 평등하게 대하는 사람은 다른 사람도 평등하게 대할 수 있습니다. 평등한 관계는 좋은 인간관계를 맺는 중요한 밑거름이 됩니다. 불평등한 관계는 지배와 피지배, 예속을 전제하기 때문입니다. 평등은 우리가 예상할 수 없는 험난한 인생길에서 서로 돕고 연대할 수 있는 마음을 가질 수 있도록 할 것입니다.

평등 차별하지 않기

평등이란 사람을 능력이나 외모, 지위 등으로
비교하지 않고 동등하게 대하는 것입니다.
사람은 모두 특별하고 고유한 가치를 지닌
소중한 존재이기 때문입니다.
다른 사람들을 비교하며 서열을 정하는 사람들은
차별 대우를 하게 됩니다.
상대방에 따라 그를 무시하거나 반대로 아첨하기도 합니다.
평화로운 세상은 서로의 존재를 바라보고
차별하지 않는 평등한 관계에서부터 시작됩니다.

깊이 생각하기

- - - - - - - - - - - - - - -

☆

나는 다른 사람의 시선을 많이 의식하는 편인가요?

주로 언제 가장 많이 신경 쓰이나요?

☆

친구들을 차별하거나, 나 자신이 차별을 당한 경험이 있나요?

자기 대화하기

- - - - - - - - - - - - - - -

내 모습이 부끄러워 누군가의 모습이 되고 싶다고 생각한 적이 있나요?

자신과 타인을 비교하는 마음과 집착을 버리고

자기평등을 찾을 수 있도록 자기에게 편지를 써 보세요.

자기존엄

자신을
당당하게 만들기

예의와 존중

아무거나 먹어 대고
아무거나 말하고
아무렇게 하고 다니는 것은
나를 아무렇게나 대하는 것입니다

자기 자신에게 무례하면서
자기 자신에게 예의 있게 해 달라고
남들에게 구하는 것은
무법자들이 하는 짓입니다

아무 짓이나 아무 말이나 남에게 퍼부으면
먼저 자신이 망가지는 걸 봅니다
그건 자유도 강함도 멋도 아닙니다
남에게 침 뱉기 전에
자기 자신에게 침 뱉는 것입니다
남을 추하게 만들기 전에 나를 추하게 만드는 겁니다

예의를 지킨다는 것은
내가 나를 존중한다는 뜻입니다
존중의 기본적인 표현이
예의입니다

자기예의와 예의

자기예의 나에게 예의 지키기

자신을 존중하는 마음으로
바르게 생각하고 말하고 행동하는 것을 자기예의라고 합니다.
우리는 세상에서 가장 가깝고 귀한
나 자신을 소중하게 대해야 합니다.
내 말과 행동으로 나를 부끄럽게 해서는 안 됩니다.
또 내 마음으로 나를 더럽혀서도 안 됩니다.
따라서 말과 행동, 마음과 생각을 살피고 조심하며
자기예의를 갖추어야 합니다.
나에게 예의 바른 사람은 다른 사람에게도 예의를 갖춥니다.

　옛날 옛적, 어느 마을에 첫눈에 반할만한 예쁜 아가씨 '안나'가 살고
있었어요. 사람들은 안나의 아름다움에 이끌리어 그녀에게 다가가고
싶어 했지요. 하지만 그녀와 이야기를 나누면 그 후에는 그녀에게 다시
말을 거는 사람이 없었어요. 하는 말마다 짜증과 불평, 심술을 부리고
툭하면 욕을 하였거든요. 안나는 사람들한테 함부로 하면서도 한편으

로는 그들과 함께 어울리지 못해 우울했어요. 그러던 어느 날, 길을 가다가 앵무새 분양 광고를 보게 되었어요. 사랑스러운 애교와 아름다운 노래가 특기라고 쓰여 있었지요. 새를 키우던 주인이 세상을 떠나서 새로운 주인을 구하고 있다는 거였어요. 외롭고 쓸쓸한 안나는 그런 앵무새라면 한번 키워 보고 싶다고 생각했어요. 그녀의 집에 이사를 온 앵무새는 알록달록한 깃털에 윤기 나는 부리를 가지고 있었어요. 안나는 앵무새가 정말 마음에 들었지요. 앵무새는 아침마다 그녀를 반겨 주고 사랑스러운 목소리로 인사했어요. 안나를 위해 아름다운 노래도 불러 주었답니다. 그러나 일주일이 지난 뒤, 앵무새에 대한 기대는 무너지고 말았어요. 사랑스럽기는커녕 걸걸하고 짜증 섞인 목소리로 시도 때도 없이 투덜대고 심한 욕을 하는 것이었어요. 안나는 엄청난 스트레스를 받았지요.

앵무새는 예쁜 부리로 "에이 씨", "미쳐 버리겠네", "이 멍청이야"라고 입에 담기 힘든 욕을 쉴 틈 없이 쏟아 냈어요. 안나는 화가 나서 소리를 꽥 질렀습니다.

"저놈의 버르장머리 없는 앵무새, 죽여 버릴 거야!"

그때였어요. 앵무새는 안나의 말을 똑같이 따라 했어요.

"저놈의 버르장머리 없는 앵무새, 죽여 버릴 거야!"

순간 안나는 무언가에 얻어맞는 기분이 들었어요. 앵무새는 그저 자신의 말을 따라 했을 뿐이라는 것을 깨닫게 된 거지요.

'아! 세상을 떠난 전 주인은 앵무새에게 좋은 말을 하고 아름다운 노래를 불러 주었던 거구나! 내가 한 말은 거친 말뿐이었구나.'

안나는 이제까지 왜 자신에게 친구가 없었는지, 외롭고 쓸쓸하게 살 수밖에 없었는지 알게 되었어요. 지금까지 자기 자신에게 얼마나 심한 말을 쏟아부으며 살아왔는지도 반성하게 되었어요.

안나의 새로운 아침이 시작되었어요.

"안나씨! 좋은 아침이군요!"

새장에서 푸득 거리던 앵무새가 잠시 뒤 안나의 목소리를 따라 했어요.

"안나씨! 좋은 아침이군요!"

안나는 자신을 위해 멋진 아침 식사를 준비했어요.

"멋쟁이 안나씨! 맛있는 아침 식사를 준비했으니 맛있게 드십시오!"

"멋쟁이 안나씨! 맛있는 아침 식사를 준비했으니 맛있게 드십시오!"

거친 말만 가득했던 안나의 집에는 고운 말이 되살아났고 웃음소리 도 끊이지 않았어요. 그녀의 앵무새가 멋진 세레나데를 부른다는 소문 이 마을에 퍼지기 시작했어요. 그 이후 안나의 집에 찾아오는 사람이 많 아졌어요. 안나는 친구를 사귀게 되었고 더는 외롭지 않았답니다.

사람들은 '다른 사람에게 피해가 되지 않는다면 뭘 해도 상관없다.'는 생각을 하곤 합니다. 하지만 다른 사람을 생각하기 이전에 자신에게 지켜 주어야 할 최소한의 예의가 있습니다. 욕을 듣는 사람이 주변에 없더라도 나 자신이 듣고 있으니까요. 자신에 대한 예의를 스스로 지키지 않는다면 내가 나의 좋은 친구라고 말하기 어렵습니다.

'먹고 싶은 것은 그냥 먹어라.'
이 말은 꽤 기분 좋은 말입니다. 자신에게 선택의 자유가 있고 무한한 가능성이 열려 있는 것 같지요. 하지만 몸에 좋지 않은 즉석식품이나 자극적인 음식들을 먹고 싶을 때마다 먹는다면 우리의 몸은 어떻게 될까요? 그것은 우리 몸에 대한 예의를 지키지 않은 것입니다. 다른 사람에 대한 예의는 사회와 문화에 따라 다르지만 자기예의는 가장 기본적이며 보편적입니다. 몸을 깨끗이 하고 좋은 음식을 먹으며 건강을 위해 운동하는 등의 자기예의는 세계 어디에서나 인간이라면 마땅히 해야만 하는 것입니다.

흔히 예의, 예절이라고 하면 다른 사람과의 관계에서 지켜야 할 도리라고만 생각합니다. 그러나 우리는 타자가 없더라도 자신에 대한 예의를 지켜야 합니다. 유교에서는 그것을 '신독'이라고 하였습니다. 신독은 『대학』과 『중용』에 실려 있는 말로 '혼자 있을 때도 항상 조심하라.'는 의미입니다. 다시 말하면 아무도 보는 사람이 없을 때도 도덕적으로 어긋나는 행동을 하지 말아야 한다는 것입니다. '안에서 새는 바가지, 밖에서도 샌다.'라는 속담이 있듯이 혼자 있을 때 예의를 지킬 수 있어야 자연스럽게 다른 사람에게도 예의를 지키게 됩니다. 다른 사람 앞에서 혼자 있을 때와는 다른 모습을 보이려고 해도 그런 위선적인 모습은 언젠가 들통나게 되어 있습니다. 한참 세상을 시끄럽게 했던 불법 촬영, 마약 투약 등의 사건들은 자신을 다스리지 못한 단적인 예입니다. 그들은 순간의 쾌락 때문에 자신이 어떻게 변하고 있는지 깨닫지 못했습니다. 남에게 들키지 않는다면 괜찮다는 생각은 헤어 나올 수 없는 늪에 들어가는 것과 같습니다. 아무도 모를지라도 자신은 알고 있다고 생각을 해야 합니다.

자기예의는 지켜야 할 것을 스스로 지키는 것, 자기 자신에게 함부로 하지 않는 것, 자신을 존중해 주고 아껴 주는 것입니다. 자신을 진정 아낀다면 내 몸과 마음을 함부로 하지 않을 것입니다. 내 입에서 나오는 말은 사려 깊고 좋은 기운을 담을 것이며, 존중하는 마음을 표현하려고 노력할 것입니다. 괴테는 "예의는 자기 자신을 비추는 거울이다."라고 하였습니다. 그가 어떤 사람인지 알 방법은 그가 하는 말과 행동을 보면 알 수 있습니다. 어떤 사람은 사소한 말과 자세만으로도 품격이 느껴지곤 합니다.

나에게 예의 바른 사람은 다른 사람에게도 예의를 지킵니다. 다른 사람에게 예의를 지키는 것은 상대방에 대한 존중에서부터 시작합니다. 인사하는 방식이 나라마다 서로 다를지라도 상대방에게 관심을 갖고 그를 존중하는 마음은 같습니다. 예의를 지키지 않으면 오해를 낳기도 하고 다른 사람에게 불쾌감을 줄 수도 있습니다. 아는 사람인데 인사를 하지 않으면 서운하거나, 자신에게 안 좋은 감정이 있는 것은 아닌지 또는 만나기 전 무슨 안 좋은 일이 있었는지 생각하게 됩니다. 또 여러 사람이 있는 곳에서 큰소리를 지르는 경우, 주변 사람들에게 불쾌감을 줍니다. 자신에게 말할 권리가 있지만 다른 사람의 권리도 존중하고 지켜 주는 것이 예의라 할 수 있습니다.

예의 남에게 예의지키기

예의란 다른 사람을 바른말과 몸가짐으로 대하는 것입니다.
이것은 많은 사람이 지키는 일종의 사회적인 약속이며
일상의 규범입니다.
예의를 지키는 것은 상대방을 존중한다는 뜻입니다.
반대로 예의를 지키지 않으면
자신의 의도와 상관없이 다른 사람에게 상처를 줄 수 있습니다.
더 나아가 상대의 나쁜 점보다
좋은 점을 보려는 마음가짐도 사람에 대한 예의에 해당합니다.

깊이 생각하기
- - - - - - - - - - - - - - -

☆

나는 다른 사람에게 예의 바른 사람인가요?

☆

나는 나에게 예의 바른 사람인가요?

자기 대화하기
- - - - - - - - - - - - - - -

나 자신을 소중하게 여기는 마음으로
자기예의를 지키는 사람이 되기 위해 스스로 다짐하는 편지를 써 봅시다.

나를 향한 미소

나를 향한 미소는
찌푸린 내 얼굴을 풀어 준다
나를 예쁘게 하니
최고의 미용이다

나에게 보내는 미소는
내 마음을 밝게 해 준다
어둠 속에도
별이 반짝인다

아침 미소는
아침이슬과 같다
이슬 맺힌
풀잎은 향기롭다

나에게 보내는 친절은
봄바람에 실려
나에게 불어오는
꽃향기와 같다

내가 보내는 친절은
마음의 미소다
미소는 메아리처럼
세상에 퍼져 간다

평화인성을 키우는 자기우정

자기환대와 환대

자기환대 나를 반겨 주기

나 자신을 친절하게 받아 주는 것이 자기환대입니다.
나를 알아주는 사람이 없고 외로울 때도
스스로 좋은 마음과 친절한 미소로 대해야 합니다.
마치 처음 만나는 사람에게 친절하게 미소를 보내듯이
나에게 미소를 지어 주는 것입니다.
이 세상 단 한 사람, 나 자신만큼은 나에게
언제나 친밀감 있게 대해야 합니다.
자신을 환대할 줄 알아야지
다른 사람도 반갑게 맞아 후하게 대할 수 있습니다.

　신학기나 이사, 새로운 환경에 적응해야 하는 상황에서 긴장과 불안으로 밤잠을 설친 일이 있나요? 사람마다 차이는 있겠지만 새로운 곳을 방문한다는 것은 설레기도 하지만 불안하기도 합니다. 이렇게 긴장한 마음으로 낯선 곳에 발을 들여놓는 순간, 누군가 웃는 얼굴로 여러분을 맞이한다면 어떨까요? 또 거기에 이름까지 불러 준다면 우리의 경직된 근육은 풀리고 마음은 편안해질 것입니다. '아! 이곳은 안전하구나.'라고 느끼게 되고 자신의 마음을 조금씩 열어 가겠지요.

환대란 손님이나 낯선 사람들을 관대하고 호의적으로 받아 주고 기쁘게 해 주는 것을 말합니다. 아직은 잘 알지 못하는 그 사람이 앞으로 나에게 어떤 사람이 될지, 무엇을 남길지는 알 수 없습니다. 친구가 될 수도 있고 잠깐 스치는 인연이 될 수도 있으며 나에게 슬픔을 줄 수도 있을 것입니다. 그래서 낯선 사람의 방문은 기쁘기도 하지만 두렵기도 합니다. 환대한다는 것은 그가 어떤 행동을 하든 무조건 받아 주어야 한다는 의미가 아닙니다. 그 사람이 인간으로서 가진 권리와 자격을 부정하지 않고 그 존재를 후하게 맞이하는 것이지요. 〈방문객〉이라는 시처럼 사람이 온다는 것은 그의 일생이 오는 것이고 힘든 세상을 살아내느라 수고한 존엄한 존재와 마주치는 것이기 때문입니다.

사람이 온다는 건

실은 어마어마한 일이다

그는 과거와 현재와

그리고 그의 미래와 함께 오기 때문이다

한 사람의 일생이 오기 때문이다

부서지기 쉬운

그래서 부서지기도 했을

마음이 오는 것이다

그 갈피를 아마 바람은 더듬어 볼 수 있을 마음

내 마음이 그런 바람을 흉내 낸다면

필경 환대가 될 것이다

- 정현종, 「방문객」

우리는 살면서 때론 누군가를 환대하는 주인의 입장에 설 때도 있고, 손님의 입장에 설 때도 있습니다. 항상 주인일 수만은 없고 손님일 수만도 없지요. 다양한 상황 속에 우리는 서로 얽혀 끊임없이 환대를 주고받으며 살아갑니다. 나와 가까운 사람, 나에게 이익이 되는 사람만 반갑게 맞이하는 조건적 환대가 아니라, 인간이라면 누구든 받아주는 절대적 환대는 사회생활의 기본 토대가 되지요. 환대가 있어야 사회가 구성될 수 있다는 말도 과언이 아닐 것입니다. 동서고금을 막론하고 낯선 사람들을 반갑게 맞아 후하게 대접하는 이야기는 어디서나 쉽게 찾을 수 있습니다. 그 이야기의 주인공은 큰 복을 받곤 합니다. 손님을 마치 '신의 선물'로 여기는 극진한 환대의 방식은 나라마다 조금씩 다르지만, 보편적으로 이어져 오는 소중한 전통이기도 합니다.

그렇다면 환대와 반대되는 것들을 떠올려 볼까요? 괄시, 냉대, 푸대접과 같은 말들이 떠오릅니다. 동화를 읽다 보면 갑작스럽게 찾아온 낯선 사람이 보잘것없어 보인다는 이유로 냉대하는 장면들을 보게 됩니다. 결국 그런 행동 때문에 고약한 마법에 걸린다든지 고난과 시련을 겪게 되지요. 미녀와 야수에서도 이러한 장면이 나옵니다. 화려한 연회장에 찾아온 거지 행색의 노파를 쫓아내면서 왕자는 야수가 되는 마법에 걸리게 되지요. 왕자의 마법이 풀리는 과정, 이야기 속의 갈등이 해소되는 과정에서 환대가 얼마나 중요한지 생각해 보게 됩니다.

동화가 아닌 우리들의 현실은 어떤가요? 서로 조건 없이 환대하는 모습을 찾아보기 힘이 듭니다. 이유는 여러 가지가 있습니다. 각종 끔찍한 사건 사고들을 방송이나 인터넷으로 접하게 되는 요즘, 낯선 사람을 경계하고 심지어 나와 다른 부류의 사람들을 혐오하는 분위기마저 만연하고 있습니다. 또 마음을 열고 서로 얼굴을 마주하며 반갑게 맞이하고 싶어도 경쟁 시대를 사느라 너무 바빠 시간적, 심리적 여유가 나지 않습니다. 혹자는 집에 돌아가도 나를 반겨주는 존재는 애완견뿐이라는 말을 합니다. 멀리서 걸어오는 주인의 발소리를 알아차리고 도착하기 전부터 짖으며, 주인이 오자마자 팔짝팔짝 뛰고 반가움을 표현하는 애완견을 보면 세상의 근심이 사라진다고 합니다. 그러나 정말 애완견만 있었을까요? 아무도 반겨 주지 않을 때 나를 언제나 반겨 줄 수 있는 사람이 한 명 있습니다. 바로 나 자신입니다.

틱낫한 스님의 『삶을 바꿀 수 있는 힘, 내 안에 있다』라는 책에는 이런 구절이 있습니다.

> "때로는 혼자 방 안에 있을 때, 나는 오로지 나 자신을 위해 웃는다. 이 웃음은 사랑하는 나에게 보내는 선물이다. 내가 나에게 미소 짓는 것은 나 자신에게 친절하기 위해서, 그리고 나를 잘 돌보기 위해서다. 내가 나를 잘 돌보지 못한다면 다른 누구도 돌볼 수 없다는 걸 나는 잘 알고 있다."

항상 찌푸린 얼굴로 자신을 환대하지 않는 사람이 타인을 환대하기는 어려울 것입니다. 자기환대는 미소 짓는 얼굴로 나를 친절히 대해 주는 것으로부터 시작할 수 있습니다. 마치 처음 만난 사람에게 친절한 미소를 보내듯이 나에게 미소를 지어 주는 것입니다. 나를 알아주는 사람이 없어 어색할 때, 외롭거나 곤혹스러움을 느낄 때, 내가 나를 환대할 수 있습니다. 이러한 자기환대는 긴장된 마음을 편안하고 즐거운 마음으로 바꾸어 새로운 인간관계와 사회생활을 용기 있게 해 나갈 수 있도록 도울 것입니다.

중요한 손님은 미소로 반갑게 맞이하고 극진하게 환대하는 것이 상식이자 예의라고 할 수 있습니다. 자신을 중요한 손님처럼 대해 보세요. 지금 어떠한 상황이든, 어떠한 마음이든, 스스로 만족스럽지 못하더라도 자신을 미소로 맞이해 주세요. 나에게 나는 그 어떠한 존재보다 가장 귀중합니다.

환대 남을 반겨 주기

어떠한 사람을 만나든 정성껏 후하게 대하는 것이 환대입니다.
그들의 말을 경청하고 안심할 수 있는
편안한 마음의 공간을 만들어 주는 것입니다.
사람을 만난다는 것은
살아 내느라 수고했을 존엄한 존재와 마주치는 것입니다.
따라서 우리는 타인을 반길 수 있어야 합니다.
특히 약하거나 고통을 받는 사람들을 보면
더욱 친절하게 대해야 합니다.
반갑게 맞이하는 것만으로도
그 사람들은 용기를 낼 수 있을 것입니다.

깊이 생각하기

☆

나는 나 자신을 보고 웃어본 경험이 있나요? 있다면 언제였나요?

☆

나는 내 주변 사람들에게 친절한 사람인가요? 불친절한 사람인가요?

자기 대화하기

하루를 마치고 집으로 돌아온 나를 거울로 바라보며,
미소로 반겨 주세요. "오늘도 수고했구나. 오늘 어떤 일이 있었니?"
스스로 이야기를 나누어 보세요.

내 삶의 기수

무기력해질 때 남에 대한 의존이 심할 때
나는 나를 스스로 일으켜 세워야 한다
쓰러지거나 지치거나 나를 도울 사람이 없을 때
무언가에 걸려 넘어졌을 때
내 손으로 내 힘으로 내 땅을 딛고 일어서는 것이다
자기 힘과 자기 지혜를 총동원하는 것이다
그렇게 하면 없다고 생각했던 힘과 지혜가 생겨난다
혼자의 힘으로 난관을 이겨 내야 할 때
남에게 도움부터 구하기 전에 자신의 최선을 다하는 것이다
자립적 인간들만이 제대로 남과 협동할 수도 있다
하늘은 스스로 돕는 자를 돕는다고 했다
스스로 일어서는 자, 어려운 상황에서도
남에게 쉽게 도움을 요청하지 않는 자에게 사람들은 감동하고
흔쾌히 도와주기도 한다
반대로 남에게 손부터 내미는 사람
누가 날 도와주지 않나
누가 날 데려가지 않나 생각하는 사람은
자기를 스스로 진짜 불구자로 만드는 사람이다
주변에 모든 불빛이 나갔을 때
자가 발전을 해야 한다
아무도 나서지 않을 때 퍼스트 펭귄이 되는 것이다
자립은 개척하고 창조하게 만든다
자립한 사람은 남을 돕는 방법을 제대로 안다
남을 원조, 돌봄이라는 이름으로 나약하게 만들지 않고
남이 요구한다고 다 들어주지 않으며
남을 대신하기보다는 노력하는 걸 돕고 자극을 준다
그게 진짜 돕는 것이다

평화인성을 키우는 자기우정

자기세움과 돌봄

자기세움 나 스스로 서기

힘에 부치는 일이나 부족한 면이 있을 때
최선을 다하며 혼자 서는 것이 자기세움입니다.
실패하거나 좌절했을 때 다른 사람에게 의존하기보다
내가 나를 격려하고 돌봐 주며 일으켜야 합니다.
자기세움을 못하는 사람은 타인에게 이끌려 살거나
반대로 자신의 약점을 이용해서 남을 조종할 것입니다.
다른 사람을 진정으로 도울 수 있으려면
먼저 자신이 바로 서야 합니다.

　'하늘은 스스로 돕는 자를 돕는다.'라는 말이 있습니다. 스스로 노
력하는 사람에게는 하늘도 감동하여 그 사람을 돕는다는 말입니다.
한 사람이 짐수레를 끌고 비탈길을 가고 있다면 땀을 흘리며 홀로 고통
을 견디고 있는 그를 보고 그냥 지나칠 사람은 없을 것입니다. 그러나
말끔한 얼굴로 꾀를 부리며 쉽게 다른 사람들의 도움을 청한다면 돕고
싶은 마음은 별로 생기지 않을 것입니다. 하늘이 돕는다는 표현은 갑

작스러운 행운이 떨어진다는 의미가 아니라 스스로 한 걸음 한 걸음 우직하게 나가다 보면 노력의 결과로 기회가 생기거나 기대하지 않았던 타인의 도움을 얻게 되어 길이 열린다는 뜻입니다.

우리는 어려움이 닥치거나 걸림돌이 생겼을 때 좌절하거나 여러 가지 핑계를 대며 포기하는 경우가 많습니다. 또 조금만 힘들어도 누가 좀 도와줬으면 하고 기대하기도 합니다. 아무도 도와줄 사람이 없이 혼자서 일을 해야 한다면 외롭다고 느끼며 자기연민에 빠지기도 합니다. 하지만 힘을 내어 자신을 다독이며 나를 일으켜 세울 수 있어야 합니다. 한 걸음씩 어려움을 헤쳐 나가다 보면 어느 순간 목표한 곳에 다다를 수 있을 것입니다. 혹여 하늘도, 타인도 나를 돕지 않고 결과가 좋지 않더라도, 인내하며 노력한 자신에 대해 자부심을 느낄 수 있습니다.

평화인성을 키우는 자기우정

우리는 '난 그런 일은 원래 못해.', '다른 사람들의 도움이 필요해.', '누군가가 하겠지.'라고 자주 말하곤 합니다. 심지어 어떤 사람들은 도움을 받는 것을 아주 당연한 것으로 여기기도 하지요. 도움을 주던 사람이 주지 않으면 오히려 서운하게 생각하거나 화를 내기도 합니다. 받는 것을 당연히 여기는 태도는 극단적으로 표현하자면 속된 말로 '거지 근성'이라고 말할 수 있습니다. 이러한 생각으로 살아가는 사람들은 주체적인 사람이 될 수 없습니다. 누군가 돕는다고 해서 덥석 받고 쉽게 어려움을 피한다면 그것은 도움을 받은 것이 아닙니다. 쉽게 받은 것은 이상하게도 빨리 없어지고 오히려 큰 불행이 되기도 합니다. 다른 사람의 도움을 받을 때는 보은하고자 하는 다짐도 있어야 합니다. 또한 도움을 받을 때도 있겠지만, 때로는 거절하고 내가 자신을 돌볼 수 있어야 합니다. '나는 할 수 있어.', '여기서 조금만 더 앞으로 나아가면 도착이야.', '스스로 한번 이겨 내 보자.'라고 자신을 격려하고 부족한 부분을 채우려고 노력하며 내가 나를 일으켜 주는 것입니다. 자립하는 것이지요.

자기세움을 잘하는 사람들은 타인과 공동체에 새로운 의미와 용기를 주기도 합니다. 퍼스트 펭귄이란 말을 들어 본 적 있나요? 이는 미국 카네기 멜론 대학교(Carnegie Mellon University) 교수인 랜디 포시(Randy Pausch)의 책 『마지막 강의』를 통해 알려진 단어입니다. 남극의 추운 겨울, 펭귄은 얼음 위의 식량만으로는 굶어 죽을 수도 있기 때문에 바다에 뛰어듭니다. 바닷속에는 먹잇감이 무한정으로 존재하기 때문입니다.

그러나 펭귄에게 있어서 바다라는 공간은 먹잇감이 있는 장소임과 동시에 언제 죽을지 모르는 공포의 장소입니다. 왜냐하면 물개나, 바다표범, 범고래 같은 펭귄의 천적들이 살고 있기 때문입니다. 이 때문에 펭귄들은 바다에 들어가기 전에 머뭇거리며 눈치를 보게 됩니다. 이때, 가장 먼저 바다에 뛰어드는 펭귄을 바로 퍼스트 펭귄이라고 합니다. 처음 바다에 들어가면 천적에게 표적이 될 수도 있지만 필요한 것을 얻기 위해 용기를 내는 것이지요. 한 마리가 먼저 바다에 뛰어들면 다른 펭귄들도 두려움을 이기고 잇따라 뛰어듭니다. 한 마리가 다른 존재를 의존하지 않고 자립할 때, 펭귄 무리에게 새로운 세상이 열리게 됩니다.

자기를 도울 줄 아는 사람은 타인을 돕는 올바른 방법을 터득합니다. 이해와 소통이 없이 일방적으로 주는 도움은 오히려 상대를 부담스럽고 불편하게 만들 수 있습니다. 또한 동정심이 앞서 모든 것을 대신해 주는 지나친 도움은 독이 되며, 상대를 의존적이고 게으른 사람으로 만들 수 있습니다. 문제가 어려워 풀지 못하는 학생이 있을 때 얼른 다가가 답을 가르쳐 준다면 그것은 도움이 아닙니다. 시간이 오래 걸리더라도 스스로 문제를 해결하도록 방법을 가르쳐 주고 기다려 주어야겠지요. '말을 물가로 데려갈 수 있지만 물을 마시게 할 수는 없다.'라는 속담처럼 말에게 물을 먹일 수도 없고 물을 먹여서도 안 됩니다. 진정으로 다른 사람을 돌보는 것은 상대방을 응원하며 스스로 일어서도록 도와주는 것입니다.

우리는 함께 더불어 삽니다. 태어나자마자 가족의 울타리가 있고, 친구, 학교, 직장 등을 통해 사람들과 연을 맺습니다. 관계가 깊어질수록 친밀감이 높아질수록 사람들은 상대방에게 더 관여하거나 의존하고 싶어 합니다. "내가 너에게 얼마나 잘 해줬는데…", "나한테 너무 무관심한 거 아니야?"라고 말하며 기대만큼 대해 주지 않을 때 서운해하기도 합니다. 물론 어린 시절에는 먹고 자고 걷는 모든 것을 부모에게 의지해야 합니다. 또한 성인이 되어서도 새로운 경험을 할 때에는 사람들에게 많은 것을 묻고 의지하게 되겠지요. 그러나 마냥 받기만을 기대해서는 안 됩니다. 이제는 내가 나를 돌보며 바로 서야 합니다. 두 개의 기둥이 서로 기대지 않고 세워져야 무너지지 않는 집이 됩니다. 내가 바로 설 때, 타인이 바로 설 수 있도록 도울 때, 우리는 평화로운 세상을 지을 수 있습니다.

돌봄 스스로 하도록 돕기

다른 사람이 스스로 일어설 힘을 갖도록 돕는 것이 돌봄입니다.

다른 사람을 잘 돌보기 위해서

먼저 상대에게 관심을 가지고 잘 관찰하며 소통해야 합니다.

어떤 처지인지 어떤 도움이 필요한지 알아야 합니다.

일방적으로 내가 필요하다고 생각되는 것을 채워 주거나

주고 싶은 것을 주는 것은 옳지 않습니다.

원하지 않는 도움은 상대를 불편하게 할 수 있습니다.

또 지나친 도움은 상대를 의존적으로 만들 수도 있습니다.

깊이 생각하기

☆

어렵거나 힘든 일에 부딪혔을 때 주로 어떻게 행동하나요?

☆

주변에 지나치게 다른 사람을 의존하고
받는 것을 당연하게 여기는 사람이 있나요?
그 사람을 보면 어떤 생각이 드나요?

자기 대화하기

지금 나에게 어렵거나 힘에 부치는 일이 있나요?
또는 나의 부족한 면을 채우기 위해 스스로 노력해야 할 점은
무엇인지 생각하며 자기 대화를 해 보세요.

존재의 이유

나쁜 걸 많이 보았는데도
아직도 나를 지켜 주기 위해 내 눈은 나를 깨웁니다
입에는 달지만 좋지 않은 걸 많이 먹었음에도
내 위장은 오늘도 나를 위해 고통을 이겨 냅니다
아직도 팔딱이는 심장처럼
손을 얹으면 내 가슴 양심이 살아 있음에 안심합니다
온기가 살아 있는 내 체온을 느낍니다
누군가에게 내 체온이 필요할 겁니다
남에게 나도 줄 것이 있습니다

복잡한 세상에 내 머리는 컴퓨터보다 분주합니다
내 피는 나를 살리려고
오늘도 내일도 내 몸을 돌고 돕니다
알게 모르게 알아주지 않아도
나를 위해 폐는 숨을 쉽니다
좋지 않은 자세로 살아도
내 허리는 구부러지면서도 중력을 이겨냅니다
내 팔다리는 나를 위해 온갖 궂은일을 합니다
내 얼굴은 표정을 만들기 바쁩니다

거울 속의 나를 바라봅니다
원한 품고 사느라 가시에 찔린 내 마음
욕망 충족하느라 잡념으로 가득한 내 머리
거울 속의 내 모습 너머의 모습을 봅니다
내가 어떻게 살아왔나 생각해 봅니다
스치고 지나쳤던 고마운 순간들이 떠오릅니다

평화인성을 키우는 자기우정

자기감사와 보은

자기감사 나에게 고마워하기

자기감사란 자기 자신이 한 생각이나 행동
나의 존재 자체에 고마워하는 것입니다.
지나온 날을 헤아려 보면 생각하지 못했던 것들이 떠오르고
감사하는 마음이 생깁니다.
큰 탈 없이 지내는 것도 나름대로 잘한 것입니다.
상황이 더 악화하지 않고 살아가는 것도 나에게 감사할 일입니다.
무엇보다 이 힘든 세상에서 꿋꿋하게 버티고 있는 것만으로도
나는 참 기특하고 고마운 존재입니다.

　　형제가 여럿이었던 나는 혼자 잘 수 있는 내 방을 갖는 것이 꿈이었습니다. 어른이 되면 나만의 공간이 많은 이층집을 짓고 싶었지요. 이층 창문을 열면 멀리 겹겹이 펼쳐 있는 산들이 보이고, 마당에는 나를 반기는 강아지들이 서너 마리쯤 있으면 좋겠다고 상상했습니다. 악기가 가득 찬 음악실에서 언제든지 연주를 할 수 있고, 책이 많은 서재는 누구라도 도서관처럼 사용할 수 있도록 열어 둘 생각이었습니다. 마음이 슬

픈 사람들이 찾아와 쉼을 얻고, 외로운 사람들이 친구를 만나는 꿈같은 곳에서 노래를 짓고 글을 쓰며 살고 싶었지요.

그러나 어른이 된 지금, 집에 대한 꿈은 하나도 이룬 것이 없습니다. 나는 아직도 나만의 공간을 마련하지 못했습니다. 나는 가족들과 복작거리면서 살고 있고 악기로 가득 차야 할 공간은 가족들의 생필품들로 채워져 있지요. 강아지는커녕 물고기 한 마리도 키울 정신적 여유가 없습니다. 가끔 꿈꾸었던 삶과 너무나 동떨어진 나의 현실을 바라보면 한숨이 날 때도 있습니다.

하지만 다시 생각해 보면 그렇게 나쁘지만은 않습니다. 넓지는 않지만 힘들 때 쉴 수 있는 공간이 있고 얼굴 마주 보며 밥을 먹는 사랑하는 가족들이 있습니다. 음악을 연주하지는 못해도 다양한 음악을 쉽게 들을 수 있고, 책은 많이 없어도 원하는 책을 빌릴 수 있는 도서관이 주변에 많이 있습니다. 생각해 보면 감사할 것은 더 많습니다. 바쁘다는 것은 내가 해야 할 일들이 많고 세상에 유용하다는 뜻입니다. 몸이 약해서 자주 아프기는 하지만 그 아픔 뒤에 찾아오는 삶의 소중함은 이루 말할 수가 없지요. 무엇보다 만족스럽지 않은 현실 속에서도 지금 내가 감사할 수 있다는 것이 참 감사할 따름입니다.

이 이야기는 이상과 다른 현실 속에서도 감사하는 진수 씨의 이야기입니다. 어떠한 상황에서도 감사한 것을 찾을 수 있다면 우리는 만족과 불만족을 넘어설 수 있습니다. 순간의 상처나 실패의 감정에서 벗어나 더 중요한 가치에 집중할 수 있습니다. 하나하나 감사한 것들을 세어 보면 어느새 미간의 주름이 펴집니다. 작은 것들에 감사하다 보면 생각 못 했던 감사 제목들이 줄줄이 이어져 나오고 더 큰 감사한 것들이 생각나 마음이 가득 채워진답니다.

산악인 엄홍길 대장은 매우 유명한 인물입니다. 그에 대한 평가는 저마다 다르지만, 그가 자신의 발에게 감사의 마음을 표현하였던 모습에서 우리는 잔잔한 감동을 느낄 수 있습니다. 그의 발이 남달리 튼튼하고 아름다워서가 아닙니다. 엄홍길 대장의 엄지발가락은 동상으로 한 마디가 잘려 나갔고 검지 발가락도 일부 절단되었습니다. 네 번째 발가락은 움직이지 않고 새끼발가락도 제 모양이 아닙니다. 이것은 1998년 안나푸르나 등반 때의 사고로 인한 것입니다. 그는 정상 가까운 빙벽에서 생사를 오가는 아찔한 사고를 당했습니다. 수술을 했지만 걷기만 해도 다행이라는 진단을 받았습니다. 그러나 그는 수술 후 온전하지 않은 이 발로 안나푸르나를 다시 오르는 초인적 정신력을 보였습니다. 그의 발은 죽음의 경계를 오가는 사이, 자신과 늘 함께했습니다. 그는 그 고통과 인내의 흔적을 바라보며 발에게 감사를 표한 것입니다. 감사는 객관적 조건의 문제가 아닙니다. 감사하지 못하는 사람은 어떤 상황에서도 자기에게 부족한 것만 바라봅니다. 같은 상황에서도 긍정적인 마음을 가진 사람은 고통 중에서도 감사함을 찾을 수 있습니다. 그의 자기감사는 넘치고 넘쳐 히말라야 산간벽지에 학교를 지어 주는 보은으로 이어졌습니다. 자신과 함께한 히말라야 사람들에 대한 고마운 마음과 산에 대한 감사를 표현한 것입니다. 오지의 가난한 사람들을 위해 학교를 짓는 그의 모습을 통해 우리는 진정한 감사의 모델을 보는 듯합니다.

사람들은 이렇게들 말합니다.
"뒷집 아들 집 나갔다는데, 말은 안 들어도 꼬박꼬박 들어오는 우리 아들한테 감사해야겠어."
"밥도 못 먹는 가난한 나라 사람들을 보면 대한민국에 태어난 것이 정말 감사할 따름이지."
언뜻 보면 당연한 말일지 모릅니다. 그러나 눈 두 개 있는 사람이 눈 하나 있는 사람을 보고 감사하고, 눈 하나 있는 사람이 앞을 못 보는 사람을 보고 감사한다면 앞을 못 보는 사람들은 또 누구를 보고 감사하면 좋을까요? 우리는 상대적으로 우리보다 못한 경우를 보고 다행이라고 여기고, 자신의 행운에 감사하는 경향이 있습니다. 반대로 우리보다 나은 상대를 보고 자신의 불행에 대해 좌절하곤 합니다. 나에게 좋은 일이 있는데도 감사하지 않고, 다른 사람들과 비교합니다. 그리고 이건 감사할 일도 아니라고 생각합니다. 이렇게 누군가와 비교해서 감사하는 마음이 생긴다면 어느 순간 남을 질투하고 헐뜯으며 남의 불행에 기뻐하는 나 자신을 보게 될 것입니다.

진정한 감사란 '나'라는 존재 그 자체에 고마워하는 것입니다. 내가 가진 조건이나 상황이 남과 비교해 볼 때 열악할지라도 나라는 사람 자체를 인정하고 긍정하면 존재의 존엄함에 감사하게 됩니다. 그것이 진정한 자기감사입니다. 아이를 낳고 기뻐하는 엄마의 모습을 상상해 봅시다. 자신의 아이가 다른 아이보다 더 우렁차게 울어서, 더 많이 먹어서, 더 예뻐서, 더 키가 커서 감사하는 것이 아닙니다. 그저 이 아이가 세상에 태어났다는 것만으로도 감사한 것이지요. 우리는 살아 있다는 그 자체로 고귀한 존재들입니다. 또 이 세상에 복제품이 없는 완벽히 유일한 존재들이지요. 우리는 우리 자신에게 말해야 합니다.

"너에게 정말 고마워. 오늘 하루도 수고했어. 이렇게 버티고 있는
것만으로도 넌 훌륭해."

나 자신에게 감사하는 마음뿐만 아니라 다른 사람에게 감사하는 마음도 마찬가지입니다. 자기에게 감사할 것이 분명히 있는 것처럼 다른 사람에게 감사하며 갚아야 할 빚도 분명히 있습니다. 우리에게 고마운 일을 한 사람에게 감사한 마음을 갖고 다시 갚으려고 하는 것은 너무나 당연한 일입니다. 그러나 그 당연한 마음조차 사라져 가고 있는 것이 현실입니다. 이웃끼리 대문을 열고 서로 돕고 갚으며 살아가던 일은 그저 옛이야기가 되는 것은 아닐까 염려스럽습니다.

보은의 방법에는 여러 가지가 있습니다. 나에게 은혜를 베푼 사람에게 직접 갚을 수도 있고, 그 사람이 아닌 다른 사람에게 갚을 수도

있습니다. 어려운 학창 시절 누군가에게 학비 지원을 받았던 사람이 어른이 되어 다른 학생들을 돕는 일에 나서는 것이 그 예입니다. 또 누군가의 관심과 사랑을 받고 사는 만큼, 나 자신이 올바르고 떳떳하게 살아가는 것도 보은의 한 방법입니다. 진정한 보은이란 상대에 대한 나의 만족감과는 무관하게 감사한 마음을 갖고 은혜를 갚는 것입니다. 우리의 존재 자체를 감사한 마음으로 바라보듯, 다른 사람의 존재도 감사한 마음으로 보아야 합니다. 서로 감사한 마음으로 보은하며 살아간다면 세상은 더욱 살 만한 곳이 될 것입니다.

보은 은혜에 보답하기

내가 받은 은혜에 대하여 말이나 행동으로 보답하는 것을
보은이라고 합니다.
우리는 서로 도움을 주고받습니다.
목숨을 구하는 큰일뿐 아니라
응원 한마디, 따뜻한 눈길에도 고마움을 느낍니다.
은혜는 상대에게 직접 갚을 수도 있고
또 다른 누군가에게 갚기도 합니다.
또 은혜를 입은 사람으로서
최선을 다해 이 세상을 살아가는 것도 보은의 한 방법입니다.
이러한 보은이 돌고 돈다면 세상은 평화로워질 것입니다.

깊이 생각하기

☆

나에게 고마웠던 사람이 있나요?

☆

나는 그 고마움을 어떻게 갚았나요?

자기 대화하기

나 자신에게 고마움을 표현해 봅시다.
이 험한 세상을 잘 견디고 있는 나에게,
지금까지 살아오느라 애쓴 나에게,
존재 자체로 고귀한 나에게 감사 편지를 적어 보세요.

인간의 존엄성에 대해

나는 나의 최후의 보루
나는 나의 최후의 불침번
내가 나를 지켜야 하는 건
내가 존엄한 존재이기 때문
내가 하찮은 존재라면
나를 지키는 건 성가신 일이다

내가 존엄한 존재가 아니라고 생각하는 순간
나는 무너진다

변절하고 비리에 굴복하고
비굴이냐 거부냐를 선택해야 할 때
나를 송두리째 만난다
내가 거부할 때
나는 한없이 솟아
인류의 일원이 된다
인간임을 느끼게 된다

내가 존엄한 존재라고 생각하는 순간
나에 대한 무한한 신뢰가 솟는다

평화인성을 키우는 자기우정

자기신뢰와 신뢰

자기신뢰 나를 믿어 주기

자기신뢰란 자기 자신을 믿는 것입니다.
자신의 가능성을 믿지 않으면
용기를 낼 수 없고 무언가를 결정하기 힘듭니다.
잘못하지 않으려고 경계하는 것과 자기를 불신하는 것은 다릅니다.
우리는 실수할 때도 있지만
더 나아지려 노력하는 존재라는 사실을 믿어야 합니다.
때로는 내가 나를 못 믿고 있다는 사실을 알아차리고
다시 신뢰하기로 결심하는 것만으로도 새로운 힘이 생깁니다.
나를 믿을 수 있어야 다른 사람을 신뢰할 수 있습니다.

우리는 주변에서 어려움을 극복한 사람들의 이야기를 종종 듣습니다. 그리고 그들은 평범한 사람들과 달리 특별하고 대단한 영웅이라고 생각합니다. 나도 그랬습니다. 나에게 이 어려움이 닥쳐오기 전까지 말입니다. 어느 날, 하루아침에 집이 망하게 되었습니다. 왜 망했는지, 어떤 사연이 있었는지 이야기하지 않겠습니다. 그냥 망했다는 사실이 나에겐 중요할 뿐이었으니까요. 가족이 살던 집을 처분했습니다. 가지고 있던 재산도 정리했습니다. 우리에게 남은 것은 미처 다 갚지 못한 빚과 나의 자취방 보증금이 전부였습니다. 그 보증금으로 작은 집을 구해 온 가족이 함께 살게 되었습니다.

막상 이런 일이 닥치자 슬픔은 사치라고 생각했습니다. 슬퍼하며 좌절하는 것은 현실적인 도움이 되지 않으니까요. 각자 자기가 할 수 있는 일을 찾았습니다. 예전으로 돌아갈 수 있으리라는 희망이나 기대는 하지 않았습니다. 현실적으로 불가능하다는 것을 알고 있었기 때문입니다. 하지만 우리는 여기서 끝나지 않고 결국 어떻게든 살아갈 것이라는 확신이 있었습니다. 풍족하지는 않겠지만 먹고 사는 일상이 크게 달라지지 않을 것이라는 믿음도 있었습니다.

책 속의 위인들처럼 멋진 극복과 역전의 이야기는 없었습니다. 위기가 기회가 되어 예전보다 더 나은 삶을 살게 되는 드라마 같은 일들은 일어나지 않았습니다. 그냥 그저 우리는 살았고, 살아갔습니다. 남들보다 경제적으로 힘든 상황으로 인해 갈등도 많이 있었고, 가끔 기쁜 일도 있었습니다. 그 길고 긴 시간을 그저 버텨 온 것이지요.

'무엇이 그 힘든 시간을 견디게 해 주었을까? 무엇이 우리가 좌절하지 않도록 했을까?' 지난 일들을 돌이켜 보며 다시 생각해 봅니다. 그것은 바로 '나 자신과 가족에 대한 믿음'이었습니다. 우리는 삶을 쉽게 포기하지 않고 인내할 수 있는 고귀한 존재라는 믿음 말입니다.

채린 씨의 이야기입니다. 그녀는 힘들었던 시간을 돌아보며 자기신뢰의 중요성에 대해 말합니다. 자기신뢰는 인간의 존엄성을 바탕으로 나를 믿는 것입니다. 자기신뢰는 객관적 존재로서의 인간을 신뢰하는 것으로 무조건적인 자기애 또는 주관적인 자신감과는 구별됩니다. 자기신뢰는 비록 내가 처한 상황이나 주어진 조건이 열악하더라도 포기하지 않고 인생을 살아갈 이유와 목표를 찾아 나가는 것입니다. 또 우리의 인생이 멀리 돌아갈 수도 있고 지그재그로 갈 수도 있지만, 가치있는 삶을 향한 방향만큼은 놓치지 않겠다는 것입니다.

요즘 유행하는 덕담 중에 "꽃길만 걸으세요."라는 말이 있습니다. 그러나 누구나 인생을 살다 보면 갑작스러운 사고와 실패, 실연의 고비가 있습니다. 모든 것을 포기하고 주저앉고 싶은 순간이 누구에게나 찾아오기 마련입니다. 모든 사람은 세상에 태어나서 살아가는 동안 수많은 우여곡절을 겪으며 살아갑니다. 그러나 "하늘이 무너져도 솟아날 구멍은 있다.", "지성이면 감천이다."라는 속담처럼 아무리 절망적이고 무기력한 상황이라도 자신이 가진 가능성과 내면의 힘을 믿는다면 우리는 용기를 가지고 극복해 나갈 수 있을 것입니다.

때로는 어린 시절에 겪었던 모욕, 굴욕, 학대 등의 기억이 지속적으로 삶의 난관을 만들기도 합니다. 비단 어린 시절의 경험만이 아니라 학교나 사회생활에서 겪었던 부정적인 경험들이 수치심이나 죄책감 등의 감정으로 쌓이기도 합니다. 이는 자기 학대에 이르러 자신을 해치는 극단적인 상황으로까지 나아가기도 합니다. 그러나 이런 상황 속에서도 자기 자신을 믿으며 인간으로서의 존엄한 삶을 포기하지 않았던 사람들도 많이 있습니다.

20년 넘게 TV 토크쇼 시청률 1위를 지켰던 '오프라 윈프리 쇼'의 진행자 오프라 윈프리를 아실 것입니다. 그녀는 사생아로 태어나 9세 때 사촌에게 성폭행을 당하고 마약에 빠지는 등 불우한 어린 시절을 보냈습니다. 그녀는 흑인으로서 겪은 인종 차별과 가난, 학대라는 생의 위기를 자신에 대한 믿음으로 극복했습니다.

"당신이 바라거나 믿는 바를 말할 때마다, 그것을 가장 먼저 듣는 사람은 당신이다. 당신이 가능하다고 믿는 것은 당신과 다른 사람 모두를 향한 메시지가 된다. 스스로 한계를 두지 마라."

오프라 윈프리는 이렇게 말했습니다. 그녀의 성공 비결은 무수히 많지만, 당당하게 본인의 길을 지향할 수 있었던 힘은 바로 자기신뢰였던 것이지요.

극한 상황에서도 최선을 다해 살아가며 인간다움을 잃지 않는 사람들이 있습니다. 그들의 이야기는 언제나 감동적인 드라마와 영화로 제작되곤 합니다. 극한 상황에서 살아남은 생존자들은 굳이 왜 살아야 하냐고 묻기보다는 지금 당장 무엇을 해야 할지 고민하고 행동하곤 합니다. 그들은 고문과 학대, 처절한 환경, 죽음의 문턱 등 인간성을 말살하는 끝없는 공격에 주저앉지 않습니다. 또 그들은 인간이 다시는 겪지 말아야 할 참극을 세상에 알리기 위해 최선을 다합니다.

인간은 모두 존엄합니다. 내가 그렇듯 타자도 존엄한 존재입니다. 타인을 신뢰한다는 것은 거창한 것이 아닙니다. 다른 사람의 행동이 호의적일 것이라고 믿거나, 최소한 나에게 악의적이지는 않을 것이라고 기대하는 것입니다. 타인과의 신뢰 관계는 갑자기 만들어지는 것이 아니라 꾸준한 시간을 통해서 조금씩 쌓입니다. 인간관계를 맺다 보면 의도하지 못한 서툰 실수와 오해들이 생기기 마련입니다. 이러한 갈등 상황 속에서 편견이나 선입견으로 타인을 쉽게 의심하기보다는 있는 그대로의 모습을 오랜 시간 지켜보는 노력이 필요합니다. 상대를 불신하게 되면 많은 갈등과 충돌이 생깁니다. 내가 편안하면 곤충이나 뱀도 나를 해치지 않는다는 말이 있습니다. 상대가 나를 함부로 하거나 비인간적으로 대하지 않을 것이라는 믿음을 갖는다면 우리는 서로 마음을 나눌 수 있고 원만한 관계를 맺을 수 있습니다.

신뢰 남을 믿어 주기

신뢰란 상대를 근거 없이 의심하지 않고 믿는 것입니다.
상대가 나에게 좋은 마음으로 대하거나
적어도 나쁘게 대하지 않을 것이라는 기대를 하는 것입니다.
이러한 믿음이 있어야 서로 마음을 나눌 수 있고
원만한 관계를 맺을 수 있습니다.
서로 믿지 못한다면
의심하고 오해하다 결국 갈등만 생기고 말 것입니다.
그러나 서로 믿는다면
우리는 협동하고 단결할 수 있습니다.

깊이 생각하기

☆

어떤 이유로 모든 것을 포기하고 싶었던 적이 있었나요?

당신이 포기하지 않았던 이유는 무엇인가요?

☆

인간관계를 맺을 때 편견이나 선입견에 사로잡혀 오해한 적이 있나요?

자기 대화하기

여러분은 자신을 신뢰하나요?

자기신뢰를 더욱 튼튼하게 쌓기 위해 스스로 대화를 나누어 보세요.

자기수용

자신을
부드럽게 대하기

자기멈춤

슬픔아 고생했다 좀 쉬어라
불안아 고생했다 좀 쉬어라
원망아 고생했다 좀 쉬어라
우울아 고생했다 좀 쉬어라

감정들아 고생했다 좀 쉬어라
들뜬 내 마음 고생했다 좀 쉬어라
화가 난 내 마음 고생했다 좀 쉬어라
내 마음 구석구석 하나하나 고생했다 좀 쉬어라

평화인성을 키우는 자기우정

자기비움과 포용

자기비움 멈추고 내려놓기

자기 생각과 욕심을 내려놓는 것이 자기비움입니다.
부정적인 것뿐 아니라 긍정적인 것, 옳다고 확신하는 것도
멈춰서 다시 생각해 보아야 합니다.
그래야만 중요한 것, 가치 있는 것들을 확인할 수 있기 때문입니다.
수많은 역할과 과제를 잠시 멈추면
그것이 욕심이나 집착이 아닌지 살펴볼 수 있습니다.
또 자신의 것을 비워야 새로운 생각, 새로운 가치
다른 사람들을 위한 공간이 생깁니다.

자동차가 잘 달리는 것은 매우 중요합니다. 그러나 멈춰 서는 것은 더욱더 중요하지요. 시속 100킬로미터 이상으로 고속도로를 질주하는 자동차가 있다고 상상해 봅시다. 목적지까지 막힘없이 달리는 자동차 운전자는 속이 시원할 것입니다. 그러나 만약 그 자동차의 브레이크가 고장 나서 멈추지 않는다면 어떨까요? 교통사고로 이어져 운전자뿐 아니라 또 다른 인명 피해로 이어질 것입니다. 자동차는 교통 상황

에 따라 달리기도 하고 멈추어 설 수도 있어야 목적지까지 안전하게 도착할 수 있습니다.

우리 인생도 마찬가지입니다. 목적지를 향해 열심히 인내하며 달리는 것도 필요합니다. 그러나 모든 것을 멈추고 쉴 수도 있어야 합니다. 자신을 돌아볼 수 있는 여유로운 시간이 필요한 것입니다. 혹시 잘못된 습관으로 병에 걸리지 않았는지, 너무 바쁘게 살다가 놓치는 것이 없는지, 나로 인해 상처받은 사람들이 있는지, 제대로 가고 있는지, 충분한 시간을 가지고 마음과 몸을 다시 한번 조율할 필요가 있습니다.

우리는 매우 바쁘고 경쟁적인 삶을 살고 있습니다. 조금만 천천히 걸어도 뒤에 있던 사람들이 내 어깨를 치고 빠르게 지나갑니다. 그러면 다시 조바심이 나고 무엇을 위해 뛰는지도 모르고 내달리게 됩니다. 산에 올라가는 방법은 여러 가지가 있습니다. 그러나 현대인들은 가장 빨리 가장 높이 올라가는 것이 최고인 듯, 쉬지 않고 경쟁적으로 달려갑니다. 정상을 정복하고 나면 그다음 정상을 향해 달려가지요. 그러나 잠깐 멈추고 주변을 돌아본다면 물이 흐르는 소리, 좁은 틈에 피어오른 이름 모를 꽃, 결빙을 뚫고 올라온 작은 새싹, 이마를 스쳐 가는 바람을 느낄 수 있습니다.

'삶의 브레이크'는 나를 멈추게 하고 더디게 가도록 하는 방해꾼처럼 보이기도 합니다. 그러나 멈춤은 아름다움을 보게 하고 감사함을 느끼게 하며, 생명을 지켜 주고 먼 길을 안전하게 갈 수 있도록 도와줌니다. 어쩌면 잘못된 길을 정신없이 오가는 사람들보다 더 빨리 목적지에 다다를 수도 있습니다. 조급함 속에서도 느긋할 수 있다면 마치 움츠렸던 개구리가 멀리 뛰는 것 같이 급속도로 달리는 것도 감당할 수 있을 것입니다.

> 빈 방이 정갈합니다
> 빈 하늘이 무한히 넓습니다
>
> 빈 잔이라야 물을 담고
> 빈 가슴이래야 욕심이 아니게
> 당신을 안을 수 있습니다
>
> 비어야 깨끗하고
> 비어야 투명하며
> 비어야 맑디맑습니다
>
> 그리고
> 또 비어야만 아름답습니다

길목, 「빈 가슴이래야 당신을 안을 수 있습니다」 중에서 세상이 바쁘고 세상이 힘든 게 아닙니다. 내가 쉬면 세상도 쉬고 내가 편안해지면 세상도 편안해집니다. 힘들다고, 어렵다고 불평하며 시간을 낭비하지 마세요. 나 자신에게 '괜찮니?'라고 물어보고 '수고했다.'라고 격려해 주세요. 복잡한 생각과 불평을 멈추고 하던 일도 잠시 멈추어 보세요. 크게 심호흡을 하고 하늘을 보거나 밖으로 나가 산책을 하는 것도 좋습니다. 비움의 여행을 떠난다면 새로운 것이 보일 것입니다.

우리는 간혹 자기의 생각을 절대 바꾸지 않는 사람들을 보게 됩니다. 그들은 인생을 통해 터득한 철학을 고수합니다. 심지어 다른 사람에게 강요하지요. 하지만 그들이 지내왔던 세상은 바뀌었고 계속 바뀌고 있습니다. 그리고 그가 강요하고 있는 상대는 그와 전혀 다른 존재입니다. 고집스러운 그는 이러한 것들을 간과하고 있는 것이지요. 나의 것을 버려야 다른 사람의 이야기를 들을 수 있습니다. 고인 물은 썩지만 끊임없이 흐르는 강물은 썩지 않습니다. 지나간 지식을 비워야 새로운 지식을 얻을 수 있습니다. 지구를 중심으로 우주가 돈다는 '천동설'을 믿던 중세의 사람들은 코페르니쿠스의 '지동설'을 받아들이지 못했습니다. 하지만 지금은 지구가 공전과 자전을 한다는 것을 모르는 사람은 없습니다.

도산 위기에 놓였던 애플을 다시 세계적인 기업으로 성장시킨 스티브 잡스는 "무엇을 할지 결정하는 것만큼 무엇을 하지 않을지 결정하는 것이 중요하다."라고 말했습니다. 즉 잘 버리고 비워야 얻을 수 있다는 뜻입니다.

비움은 '버림'에서 출발합니다. 버려야 얻을 수 있습니다. 정원사는 살려야 할 가지를 위해 불필요한 가지를 잘라 버리고 바둑의 고수는 살려야 할 돌을 위해 덜 필요한 돌을 버릴 줄 압니다. 살림꾼은 쓸 만한 물건만 남기고 더 가지지 않습니다. 아무리 좋은 옷을 사도 옷장에 다른 옷들이 가득 채워져 있다면 그 틈에 섞인 새 옷을 찾기 힘들어집니다. 결국 헌 옷들과 뒤엉켜 몇 번 입지 못하고 새로운 헌 옷이 되어 갈 것입니다.

허접한 지식을 비우면서 마음속에 깃든 근심과 욕심까지 비워야 합니다. 그래야 지혜가 빛을 발합니다. 이러한 진리를 터득한 이들은 자기중심적 틀을 타파함으로써 스스럼없이 세상을 포용할 수 있습니다. 자기비움은 마음을 리셋(reset) 하는 것입니다. 옳다고 생각하는 것도 초기화하고 다시 생각해 보는 것이지요. 이렇게 비우고 정리할 때 나의 것은 더욱 분명해집니다. 그리고 다른 사람이 들어올 공간이 생기게 됩니다.

포용 다양함 받아들이기

포용이란 다른 사람의 생각과 감정, 태도 등을 받아들이는 것입니다.
이를 위해 상대의 이야기를 잘 들어야 하고
가능한 많은 의견을 들어보는 것이 좋습니다.
나와 생각이 다르거나 익숙하지 않더라도
마음을 열고 받아들일 수 있어야 합니다.
선입견을 품고 편을 가른다면
나 자신의 한계 속에서 살아갈 수밖에 없습니다.
더욱더 넓고 깊은 사람이 되고자 한다면
다른 사람들을 포용해야 합니다.

깊이 생각하기

- - - - - - - - - - - - - - - -

☆

자기 생각만 옳다고 생각하는 사람을 만나본 일이 있나요?

☆

내가 놓지 못하는 것, 포기하지 못하고 잡고 있는 것은 무엇인가요?

자기 대화하기

- - - - - - - - - - - - - - - -

다른 사람을 포용하기 힘들 때, 먼저 나를 비우려고 노력해야합니다.
나를 비우기 위해 자기대화를 해 보세요.

작지만 반짝이는 것에 대하여

남이 알지 못하는 나의 작은 선행에
내가 감동하는 때가 있습니다
쑥스럽지만 '나에게 이런 면이 있다니'
작은 악행이라도 이겨낸 나를 기뻐합니다
남들은 어떻게 생각할지 몰라도 내가 나에게 축하해 주면
눈물을 참아낸 나에게 세상이 어깨동무하는 것 같습니다

어느 날 일찍 일어나 새벽 별을 본 나에게
우연히 오색 무지개를 본 나에게 세상이 노래를 불러 줍니다
휘파람 불어주고 나에게 향기를 불어 줍니다
'나에게도 이런 일이 있다니'

깜박 기회를 놓쳐 화를 못 낸 나에게
우연히 한번 성공했을 때
실컷 울고 나서 더 울 일 없어진 나에게
가만 생각해 보면 나도 운이 좋은 사람이다
'다행이야 불행 중 다행'

자신의 성과에 너무 인색하지 말아요
자랑할 건 아니라도 축배를 들어요
천 리 길 이제 시작한 나에게
'행운이 함께하기를'

하루에 한 번이라도 고개 들어 하늘을 보고
가여운 이들에게 눈길을 보낸 나에게
아직은 건강하게 살아가고 있는 나에게
축복을 줍니다
살아 있음을
아직은 큰 잘못 없이 살아가고 있음을

이 세상에 탄생한 어느 날에
'생일 축하합니다'
별것도 아니지만
별것인 나에게
낮은 목소리로

자기축하와 동락

자기축하 스스로 축하하기

자신의 장점과 능력, 노력의 결과물 등에 대해서
스스로 축하하고 기뻐하는 것이 자기축하입니다.
좋은 음식을 먹거나 휴식을 취할 수도 있고 자신에게 선물을 주는 등
다양한 방법으로 자신을 축하할 수 있습니다.
자신에게 인색한 사람은 자기를 축하하지 못하고 채찍질만 하게 됩니다.
자기가 이루어낸 일들을 지나치게 과장하거나 비하해서도 안 됩니다.
자신을 적절하게 축하할 수 있는 사람이
다른 사람도 진심으로 축하할 수 있습니다.

    고등학교 미술 시간에 동판을 두드려서 입체적인 작품을 만들었던 일이 있었습니다. 나는 복잡하지 않고 쉽게 그릴 수 있는 얼굴을 밑그림으로 결정했습니다. 스스로 미술에 소질이 없다고 생각했기 때문에 나름 수준을 고려한 것이지요. 눈, 코, 입도 최대한 단순하게 그렸습니다. 그림이 간단하니 시간이 너무 많이 남아 버렸습니다. 나는 남은 시간 동안 금속판을 한없이 두들겼습니다. 완성된 그림은 꼭 초등학생이

낙서한 짱구 얼굴 같았습니다. 나는 부끄러운 마음에 아이들이 몰리지 않는 순간을 틈타 선생님께 조용히 제출하였습니다.

미술 선생님께서는 모든 작품을 걷으신 후, 잘된 작품 두 점을 고르시고 아이들에게 보여 주셨습니다. 그런데 미술 선생님께서 높이 치켜든 동판 중에는 나의 짱구 얼굴이 있지 않겠습니까? 가슴이 덜컹했습니다. 친구들은 작품을 칭찬하며 좋아해 주었습니다. 그러나 나는 작품을 깎아내리기에 여념이 없었습니다. "뭐가 잘해? 아니야. 내가 보기엔 웃기는데?"라고 하며 손사래를 치며 부인하자, 곧 아무도 제 작품을 칭찬하지 않았습니다. 인생 처음으로 미술 교과에서 A를 받아 기쁘기도 했지만, 한편으로는 굉장히 불편하기도 했습니다. '내가 보기엔 뛰어난 작품이 아니고, 그렇다고 A를 받을 만큼 노력한 것도 아닌데….' 말도 안 되는 점수라고 생각했기 때문에 기뻐하기도 민망했습니다.

시간이 지난 후 그때를 떠올려 봅니다. 그냥 좋은 일을 좋아하면 안 되었을까? 나는 왜 그때 나의 작품을 얕잡아 보고 우습게 여겼을까? 단순한 얼굴이지만 열심히 금속판을 두드렸기 때문에 나름대로 입체감이 있고 완성도가 높은 작품이었습니다. 미술 시간에 성실하게 활동했고 다른 사람의 작품을 모방한 것도 아니었습니다. 의도한 결과는 아니었지만, 생애 첫 A라는 결과를 충분히 축하할 수도 있었습니다. 그런데도 나는 부득부득 내 작품을 깎아내렸습니다. 더 잘된 작품들과 비교하며 내 작품이 가치 없다고 평가하고 인색하게 굴었던 것 같습니다. 그러니 기뻐할 수도 없고 스스로 축하할 수 없으며, 심지어 축하를 받을 수도 없었던 것이지요.

위 이야기는 현수 씨의 이야기입니다. 현수 씨는 요즘 자신에게 야박하기만 했던 자신을 돌아보고 있다고 합니다. 자기축하는 다른 사람이 몰라줘도 내가 나를 알아주고 축하의 말을 건네는 것입니다. 나 스스로 나를 인정해 주는 것이지요. 내가 고생하고 견디고 이겨 낸 그 섬세한 성과는 나 자신만이 알 수 있습니다. 그러나 우리는 축하받을 만큼 기쁜 상황에서도 한 발 물러서서 이것이 축하할 가치가 있는 것인지 평가합니다. 자신의 성과나 노력을 간과하기도 하고 알아도 모르는 척 지나가기도 합니다. 또 현재의 성과나 노력을 다른 사람들과 비교하거나 앞으로 지향해야 할 높은 목표와 견주어 보며 축하를 미룹니다. '이 정도는 누구나 할 수 있지. 더 훌륭한 일을 하는 사람들도 있잖아. 앞으로 갈 길이 멀어.'라며 이것을 겸손의 미덕이라고 생각하지요. 물론 겸손이 필요한 때도 있습니다. 그러나 이것이 자기에게 인색한 것인지 살펴보아야 합니다.

자기 자신을 과장하고 자랑하는 자화자찬은 경계해야 하나 자기 자신을 얕잡아 보고 비하하는 지나친 겸손도 경계해야 합니다. 남이 보기에 축하할 가치가 있는 일인지 평가하지 말고 남이 몰라줘도 내가 나를 알아주고 진심으로 기뻐하며 축하의 말이나 선물을 줘야 할 필요도 있습니다. 이것은 자랑이 아니라 자신을 인정하는 시간을 갖는 것입니다. 앞으로 가야 할 높은 목표에 대한 압박 때문에 자신을 축하하는 여유를 잃어서는 안 됩니다. 이러한 자기축하는 나의 피로와 긴장감, 경직된 마음을 풀어 주는 데 큰 힘을 발휘합니다.

인생을 살면서 기뻐하고 축하해야 할 일들이 참으로 많습니다. 나의 노력으로 얻은 성과일 수도 있고 그저 행운으로 얻은 결과일 수도 있습니다. 큰일일 수도 있고 사소한 일일 수도 있겠지요. 엄청난 노력으로 인류를 구원하고, 영웅이 되어 신문 일 면에 실리는 거창한 일만 축하할 일이 아닙니다. 우리는 매일 매 순간 자기에게 일어나는 기쁜 일들에 대해 축하할 수 있는 마음을 가져야 합니다.

"좋은 친구를 만났구나. 축하해."

"탁구 실력이 많이 늘었네. 축하해."

"용돈 늘어난 것 축하해!"

"오늘 날씨 좋네! 행복한 계절을 축하해."

"시험 기간 끝났네. 고생했어. 끝난 걸 축하해."

"지금까지 별 탈 없이 지내다니 그것도 대단한 거야. 축하해."

축하할 것은 무척 많습니다. 남이 알아주든 몰라주든 개의치 말고 축하해야 합니다. 계산하고 망설이지 말고 스스로 축하해 보세요.

자기 자신을 축하할 수 있는 사람이 다른 사람도 진심으로 축하할 수 있습니다. 생일잔치가 유난스럽다고 생각하며 자축하지 않는 사람이 어떻게 다른 사람의 생일을 진심으로 축하할 수 있겠습니까? 자신에게 인색한 사람은 두 가지 방식으로 다른 사람을 대할 수 있습니다. 한 가지는 타자에게도 인색하게 대하는 것이고, 다른 한 가지는 타자를 과장되게 칭찬하며 자신을 지나치게 낮추는 것입니다. 두 가지 모습 모두 바람직하다고 할 수는 없습니다. 후자의 경우 다른 사람을 축하한다고 해도 진심에서 우러나오는 축하가 아닐 수도 있습니다. 서로서로 좋은 일을 진정으로 축하하며 동고동락하며 지낼 때, 기쁨은 두 배로 만들고 슬픔은 반으로 나누며 화목하게 지낼 수 있습니다.

슬픔을 함께하기는 쉽지 않은 일입니다. 하물며 기쁨을 함께하는 것은 어떻겠습니까? 훨씬 더 어려운 일이지요. 상대가 실패했을 때에는 위로하고 격려하다가도 그가 다시 잘하게 되면 인색해지는 경우가 많습니다. 심지어 시기하고 미워하기도 합니다. 사촌이 땅을 사면 배가 아프다는 속담처럼 말입니다. 사촌의 땅을 볼록렌즈로 봤을 때, 왠지 나의 좋은 일보다 커 보일 수 있습니다. 나 자신을 오목렌즈로 보니 내가 가진 것은 초라하고 작아 보일 수도 있겠지요. 오목렌즈로 보는 세상은 집도 사람도 기쁨과 슬픔도 작게 보일 것입니다. 볼록렌즈에 비친 세상은 그 반대가 되겠지요. 우리는 저마다의 관점으로 상황에 따라 렌즈를 바꾸어 비춰 가며 살아갑니다. 굴곡이 없는 평평한 마음으로 나와 세상을 보려고 노력해도 잘되지 않습니다. 바른 생각과 마음의 렌즈로 담으려는 노력은 인생 끝나는 날까지 계속해야 할 것입니다. 여기서 중요한 것은 그것이 크든 작든, 작게 보이든 크게 보이든 축하할 일은 축하할 수 있어야 한다는 것입니다. 작으면 작은 대로, 크면 큰 대로 기쁨의 순간을 누릴 줄 알아야 합니다.

동락 즐거움 나누기

서로 함께 울고 웃는 것을 동고동락이라고 합니다.
그중에 기쁨을 나누는 것이 동락입니다.
위로보다 어려운 것은 축하입니다.
비교와 평가 없이 내 일처럼 축하하는 것이 매우 어렵기 때문입니다.
내가 이룬 것보다 더 높은 것만 바란다면
남의 성공을 시기하거나 질투하기 쉽습니다.
질투하는 마음이 있으면
자기보다 뛰어난 사람의 즐거움을 함께 나눌 수 없습니다.
시기심을 버리고 동락할 수 있다면
더욱 깊은 우정을 나눌 수 있습니다.

깊이 생각하기

☆
나의 생일이나 성공에 대해 스스로 축하한 경험이 있나요?

☆
다른 사람의 성공을 진심으로 축하한 경험이 있나요?

자기 대화하기

나의 생활 속에서 크고 작은 축하할 일들을 찾아봅시다.
그리고 나에게 축하하는 글을 써 봅시다.

분노와 의분

내 마음의 분노가 그저 화풀이라면
나를 해치고 남도 해치게 된다
그것은 의분이 아니다

내 마음의 화가 항상 내 속에 있다면
화를 만든 건 남이 아니고 나다
그것은 의분이 아니다

화는 풀어서 없애야 한다고
폭력은 인간의 본능이고 능력이라 미화한다
그것은 의분이 아니다

의분이라는 말은 함부로 써서는 안 된다
쉽게 쉽게 터져 나오는 것은
자기가 하찮은 인간이 되는 길이다
화를 내고 걷어찰수록 내가 우월해진다고 생각하는 건
근거 없는 자기만족, 착각이다

짜증을 무기로 삼는 것은
신경질을 생활화하는 것은
자기에 대한 편애다
제가 싫은 걸 남에게 전가하는 것이다
그것은 의분이 아니다

지배하기 위해서가 아니라
지배에 항거하는 것이 의분이다
대의를 위해 자신의 한계를 뛰어넘어 대드는 것이다

의분이 아닌 걸 의분이라 상상하며
지배하기 위한 것을
지배에 항거하는 것으로 미화하며 성내는 것은
피해에 대한 저항이 아니라 근거 없는 피해의식이다
또는 권리가 아니라 특권의식이다
그것은 의분이 아니다

분노가 생겨날 때는
의분의 분노인지 아닌지 살펴보아야 한다
의분에서 분노를 바라보면
많은 분노가 사라질 것이다
덧없는 분노
그것은 의분이 아니다

자기순화와 화목

자기순화 마음을 평화롭게 하기

자기 자신을 평화롭게 만드는 것이 자기순화입니다.
짜증, 욕심과 질투심, 피해의식 등
평화를 깨뜨리는 요소들을 걸러 내는 것입니다.
분노가 솟아오를 때 그것이 의로운 분노인지
아니면 그저 화풀이인지 자세히 들여다보아야 합니다.
특히 자기를 비난하거나 못살게 굴고 싶은 마음을 버려야 합니다.
다른 사람과 다투지 않고 화목하게 지내려면
나 자신과 먼저 화목해야 합니다.

인간이 되기를 원하는 한 요정이 살고 있었습니다. 요정은 인간이 부러웠습니다. 그중에서도 찡그린 얼굴을 하고 소리를 크게 지르는 사람이 좋아 보였습니다. 사람들은 그 사람을 '화를 잘 내는 짜증쟁이'라고 말했습니다. 그러나 사람들은 짜증쟁이의 말을 잘 들어주었습니다. 사람들은 자신이 원하는 것이 있어도 짜증쟁이가 화를 내면 쉽게 포기하고 물러갔습니다. 짜증쟁이는 정말 멋져 보였습니다.

요정은 마법사를 찾아갔습니다. 마법사는 요정에게 뜨거운 심장과 메모리칩을 한 개를 추가하였습니다. 칩을 넣자 "너는 화가 났어. 너는 항상 무시당하고 있어. 너는 참으면 안 돼. 참으면 바보야."라는 소리가 흘러나왔습니다. 그 소리를 반복해서 듣자 곧 요정의 심장은 화가 난 마음으로 가득 찼습니다. 심장에 아슬아슬하게 채워진 분노는 조금만 건드려도 흘러넘쳤습니다. 아주 작은 자극에도 큰 반응이 일어났습니다.

사람들은 달라진 요정의 모습에 깜짝 놀랐습니다. 요정은 작은 일에도 화를 냈고 요정의 주변에서는 싸움이 끊이질 않았습니다. 사람들은 요정에게 싸움꾼이라고도 하고 나쁜 마녀라고도 했습니다. 그러나 요정은 예전보다 쉽게 원하는 것을 얻을 수 있었습니다.

그런데 시간이 지나자 좋은 것만은 아니라는 생각이 들었습니다. 사람들은 점점 멀어져 가고 자기도 자신을 통제할 수가 없었습니다. 기분이 나쁘니까 화가 나고, 화가 나니까 더 기분이 나빠져서 미칠 지경이었습니다. 마치 건들면 터지는 위험 물질 같은 생각이 들었습니다. 그런 자신이 너무 싫어져서 더 화가 났습니다. 화가 난 상태로 사람들을 바라보니 사람들이 모두 자기에게 화를 내는 것처럼 보였습니다. 어느 더운 여름날, 짜증 폭발 직전에 지나가는 강아지를 발로 찼는데 그 이후로는 자주 폭력을 쓰게 되었습니다. 폭력을 쓰고 욕설을 퍼붓고 나면 정말 자기 자신과 이 세상을 날려 버리고 싶은 심정이 되었습니다. 요정은 너무 지쳐 버렸습니다.

요정은 다시 마법사를 찾아갔습니다. 마법사는 잦은 싸움으로 만신창이가 된 요정을 조용히 다독이고 안아 주었습니다. 요정은 무언가 서럽고 슬퍼 엉엉 울었습니다. 한참을 울다 지쳐 잠이 들었다가 다시 일어나 보니 아주 상쾌한 마음이 되었습니다. 마법사는 보이지 않았습니다. 요정은 자리에서 일어나 먼지를 탈탈 털었지요. 그러자 이전에 마법사가 추가한 메모리칩이 떨어졌습니다. 요정의 심장은 다시 따뜻해졌습니다.

요정은 쉽게 화를 내지 않았습니다. 자기를 괴롭히지도 않고 남을 괴롭히지도 않았습니다. 화를 내고 싶어도 기회가 별로 생기지 않았습니다. 만약 원하는 것이 있으면 그저 부탁하면 될 뿐이었습니다. 부당한 일을 당하면 정중하게 요구하면 그만이었습니다. 이후로 요정의 마음 속 세상과 주변 세상은 아주 평화로워졌답니다.

자기순화란 자신의 마음을 평화롭게 만드는 것입니다. 자기순화의 반대말은 자기폭력입니다. 불의한 것에 대해서 화를 내는 것은 공정한 분노입니다. 건전한 자기비판은 자신을 더욱 발전하게 합니다. 그러나 일방적인 미움이나 이유 없는 분노 때문에 화가 폭발한다면 그것은 자기폭력이 될 수 있습니다. 마음속에 화, 미움, 분노, 시기심, 두려움, 무력감 등이 가득 차오르면 사람들은 공격적으로 변하고 맙니다. 살짝 부딪히기만 해도 화를 벌컥 냅니다. 마치 화를 낼 준비를 하는 사람처럼 보입니다. 그리고 자주 말합니다.

"네가 나를 화나게 하잖아. 이 상황에 어떤 사람이 화가 안 나겠어!"

화는 자신의 마음속에 가득 채워져 있었는데 다른 사람들이 자기를 폭발하게 했다면서 책임을 전가합니다. 다른 사람에게 뒤집어씌우려다 보니 화가 나는 이유가 굉장히 편파적일 수밖에 없습니다. 당하는 사람은 매우 억울하지요. 이러한 사람 주변에서는 항상 크고 작은 전쟁이 일어납니다. 화가 날 때는 대상이 있기도 하지만 없기도 합니다. 아무런 대상도 사건도 없는데 그냥 짜증이 나고 분하고 신경질이 나면 자기 스스로 저주를 하며 화를 내지요. 이들은 큰 소리를 내고 욕을 하고 물건을 던지거나 사람을 때리기도 합니다. 그리고 너무 화가 나면 자신을 다치게 하기도 하지요. 다른 사람뿐 아니라 자기 자신도 상처를 입습니다.

이렇게 마음속에서 솟아나 공격을 퍼붓는 화는 어떻게 다루어야 할까요? 어떻게 하면 자기순화를 할 수 있을까요?

첫째, 그 화가 지금 어디에 존재하는지 바로 보아야 합니다. 화는 다른 사람이 나에게 던진 것이 아니라, 나의 마음속에 있음을 깨달아야 합니다.

둘째, 그 화를 잘 관찰해야 합니다. 화 뒤에는 더 섬세한 감정이 숨어 있습니다. 자존심이 상해서 화가 난 것인지, 민망해서 화가 난 것인지, 귀찮아서 그런 것인지 알게 된다면 그 화를 더 잘 다룰 수 있습니다. 양말은 양말 서랍에 넣고, 겉옷은 옷장에 걸어두고, 모자는 모자 놓는 곳에 정리한다면 우리의 마음은 선명해질 것입니다.

마지막으로 그 화를 잘 전달해야 합니다. 화는 '내는 것'이 아니라 '표현하는 것'입니다. 화가 날 때 사람들은 저마다 다른 행동을 합니다. 잠을 자는 사람도 있고, 먹는 사람도 있습니다. 그리고 혼자만의 동굴 속으로 들어가서 풀릴 때까지 입을 닫고 있는 사람도 있습니다. 잠시 기분이 전환되는 것처럼 보이지만 거기에서 끝난다면 자신의 마음은 다른 사람에게 전달되지 않습니다. 그저 자신을 괴롭히는 일에서 끝나고 말지요. 어떤 사람들은 욕하거나 폭력을 쓰고 또 다른 사람들에게 험담하기도 합니다. 이것도 좋은 방법이 아닙니다. 자신의 화로 인해 다른 사람이 괴로워지고 말 것입니다. 우리는 우리 속에서 시작된 화를 인정하고 그 화 뒤에 숨겨진 자신의 마음을 알아차린 후, 그것을 솔직하고 바른 방법으로 상대에게 전달해야 합니다. 비난과 무시, 욕설과 지시가 아닌 정직하고 정중한 방법으로 말입니다.

출렁이는 파도를 타고 있는 사람은 해변의 다른 사람들이 흔들리는 것으로 보입니다. 자신의 마음이 평화롭지 못할 때, 내가 보는 모든 세상과 타인들이 공격적이고 적대적으로 보이지요. 내 마음이 평화로워야 다른 사람과 잘 지낼 수 있습니다. 마음속의 불순물들을 제거하고 다른 사람들을 바라보면 모두가 정답게 느껴지고 나의 편처럼 여겨질 것입니다. 그러한 사람들은 자신뿐 아니라 다른 사람들도 평화로워지도록 도와줍니다. 그들 안의 폭력성을 알려 주고 내면이 순화되도록 합니다. 자신의 마음을 순화하고 다른 사람의 마음도 평화롭도록 서로 돕는 공동체는 화목할 것입니다.

화목 화목하게 지내기

함께 뜻을 모아 정답고 평온한 것을 화목이라고 합니다.
호의적인 마음을 바탕으로 타인을 대하며
어떤 사람도 배제하지 않고 사이좋게 지내는 것입니다.
상대의 잘못된 행동을 비난하기보다는
그의 처지를 이해하려고 노력해야 합니다.
그 사람의 마음이 다시 순화되어
다른 사람과 화목해질 수 있도록 돕는 것입니다.
이렇게 서로 적극적으로 교류하는 공동체는 평화로울 것입니다.

깊이 생각하기

- - - - - - - - - -

☆

지금 떠오르는 생각이나 감정을 자유롭게 적어보세요.

☆

내 마음속의 생각과 감정 중에서 버리고 싶은 것은 무엇인가요?

자기 대화하기

- - - - - - - - - -

마음속에 있는 화, 분노, 미움, 시기심 등을 자세히 들여다보세요.

그 마음 뒤에 더 섬세한 감정이 있는지 관찰합니다.

그 마음을 어떻게 순화할 수 있을까요?

깊이 생각하며 나 자신과 대화를 나누어 보세요.

외로운 사람에게

성공보다 실패가 많은 게 인생이랍니다
행복보다 불행을 느끼는 사람도 많습니다
외롭고 슬플 때, 고통스러울 때도 많습니다
이래저래 혼자인 경우도 많습니다
그때마다 남에게 위로받고 싶어 한다면
그것이 또 다른 고통이자 불행이며
실패와 외로움을 가중시키게 됩니다

내 어깨를 내가 토닥거려 주고
내 슬픈 등허리를 어루만져 주는 것
공감과 위로를 주고받는 것
사람의 잘잘못을 떠나 치료해 주는 의사처럼
내가 나에게 위로와 치료를 해 주는 겁니다
일단 마음의 통증부터 완화시키고
마음의 여유를 찾은 다음에는
더 필요한 것도
나에게 해 줄 수 있을 겁니다

평화인성을 키우는 자기우정

자기위로와 위로

자기위로 나를 달래 주기

슬프고 고통스러울 때 자신을 달래는 것이 자기위로입니다.
나를 위로해 주는 사람이 곁에 있다면
우리는 큰 힘을 얻을 것입니다.
그러나 살다 보면 위로해 줄 사람이 없을 때
섣부른 위로가 오히려 상처가 될 때
힘들다고 말할 힘조차 없을 때가 있습니다.
설명할 수 없는 섬세한 아픔을 가장 잘 알고 있는 사람은
바로 나 자신입니다.
우리는 외롭고 쓸쓸한 자기 자신의 말을 들어주고
눈물을 닦아 주는 친구가 될 수 있습니다.

'난동 부리는 취객을 한방에 진압하는 멋진 일반인'이라는 45초짜리 영상이 화제가 되어 뉴스에 소개된 일이 있습니다. 해당 영상에서는 술에 취한 한 노인이 경찰과 실랑이를 벌이고 있었습니다. 경찰이 소란 피우는 현장을 녹화하겠다고 하자, 노인은 고성을 지르며 두 경찰의

옷가지를 잡아끌었습니다. 경찰이 막무가내인 취객을 어쩌지 못하고 있는 가운데 상황을 지켜보던 한 청년이 다가왔습니다. 그러더니 경찰들에게 비켜 달라는 신호를 보냈지요. 주변 사람들은 그 청년이 노인의 입을 틀어막고 손발을 묶어 제압하기를 기대했을 것입니다. 그런데 그는 조용히 다가와 그 노인을 안았습니다. 한쪽 팔로 취객을 안아서 붙들고, 다른 한 손으로 등을 다독이자 노인은 깜짝 놀라는 듯 보였습니다. 그러더니 아까와는 전혀 다른 모습으로 힘없이 청년의 어깨에 머리를 기대고 울먹였습니다. 그는 한숨과 울음이 섞인 목소리로 무언가를 한참 이야기하는 듯했습니다. 이후 그는 안정하는 모습을 보였고, 경찰이 등을 돌리고 떠나는 모습으로 영상은 끝이 났습니다.

현란한 무술로 취객을 단숨에 쓰러뜨릴 것으로 기대하고 있던 나는 충격을 받았습니다. 남성이 혼쭐이 나길 기대했던 것이 순간 부끄럽게 여겨졌지요. 물론 이러한 사례는 아주 특별한 것입니다. 술에 취해 난동을 부리는 사람들은 제재를 받아 마땅하지요. 그러나 때로 강압적인 제압보다는 토닥이는 위로가 힘을 발휘할 때가 있다는 사실에 주목할 필요가 있습니다.

이렇게 자신의 고통을 알아주고 안아주며 위로해 주는 사람이 있다면 우리의 마음은 큰 힘을 얻을 수 있습니다. 이러한 토닥임은 옥시토신 분비를 활성화해 심리적인 안정감을 준다고 합니다. 공포와 두려움, 우울증이 감소하지요. 그러나 인생을 살다 보면 자신의 아픈 마음을 아무도 몰라주는 때가 더 많습니다. 다른 사람의 손길이 가까이 존재하지 않을 때, 그러한 위로를 기대할 수 없을 때 어떻게 해야 할까요?

그럴 때 우리는 자신을 위로할 수 있습니다. 내가 나의 눈물을 닦아 주고 힘들어하는 나를 받아 주는 것이지요. 그것을 자기위로라고 합니다.

때로 너무나 괴로울 때는 누군가가 내게 말을 거는 것조차 버거울 때가 있습니다. 위로한다고 다가오는 사람들이 귀찮게 느껴질 때도 있지요. 다른 사람들의 위로는 때때로 나의 상황과 빗나가기도 하고, 오히려 아픈 곳을 찌르기도 합니다. 섣부른 위로로 마음이 닫히는 경험을 하고 나면 더는 마음을 열고 싶지 않게 됩니다. 그럴 때 나의 마음을 가장 잘 알고 있는 사람은 바로 나 자신입니다. 말할 수 없는 그 섬세한 아픔을 이 세상 그 누구도 나 자신처럼 이해할 수는 없기 때문입니다. 아래의 이야기는 미정 씨의 이야기입니다.

작은 사고로 하루아침에 하반신이 마비된 일이 있습니다. 두 다리로 설 수는 있었지만, 한 발 한 발을 따로 뗄 수가 없으니 걸을 수가 없었지요. 의사들은 갖가지 검사를 마친 후, 저마다 고개를 갸웃갸웃하며 원인을 알 수 없다고 하였습니다. 최악의 경우만을 이야기하며 어떤 희망도 주지 않았지요. 갑자기 침대 신세를 지게 된 나는 절대 울지 않았습니다. 모든 일에는 하늘의 뜻이 있는 것으로 생각했고, 혹시 평생 이렇게 불구로 지낸다고 할지라도 꿋꿋하게 견딜 수 있다고 이를 악물었습니다.

나는 조금씩 나아질 수 있다는 희망을 버리지 않고 절망 속에서도 감사한 것들을 찾아보려는 무한 긍정의 자세를 잃지 않았습니다. 사람들은 씩씩한 나를 보며 안심했지요.

그해 생일에 제일 친한 친구가 노래 선물을 들고 찾아왔습니다. 그 노래의 가사 속에는 "말로 표현하지 않아도 너의 아픔을 알고 있다." 라는 내용이 있었습니다. 노래를 듣는 순간, 꼭꼭 숨겨 놓았던 슬픔이 어처구니없이 무장해제되었습니다. 나는 노래를 듣고 어린아이처럼 엉엉 울고 말았습니다. 한 번 울기 시작하자 울음은 멈출 수가 없었습니다. 친구도 함께 울며 등을 토닥토닥 두드려 주었습니다. 그것은 마치 "힘들다고 말해도 괜찮아. 넌 충분히 괴롭잖아. 울어도 괜찮아. 마음껏 울어. 나도 너와 고통을 함께할게."라고 말하는 것 같았습니다. 나는 눈물을 흘리며 그동안 지나치게 억압하고 있었다는 것을 깨달았습니다. '왜 진작 힘들고 아프다고 말하지 못했을까? 왜 자신을 위로하지 못했을까?' 괜찮은 척, 안 그런 척하며 나의 슬픔을 외면한 것을 돌아보게 되었습니다.

사람들은 '남에게는 너그럽게, 나에게는 엄격하게'라는 높은 당위적 기준을 가지고 자기 자신을 혹독하게 대합니다. 책에서 만나는 위인들은 웬만한 일에 울거나 아프다고 하지 않을 것만 같지요. 옛날 만화 주인공 캔디는 "외로워도 슬퍼도 나는 안 울어."라고 노래했습니다. 우리는 그들처럼 멋져지고 싶습니다. 그러나 슬플 때는 슬퍼해야 합니다. 괴로울 때는 괴로워해야지요. 눈물이 날 때는 충분히 울어야 합니다. 그래야 다시 활짝 웃을 수 있습니다. 위인들의 전기는 그들의 고뇌와 슬픔, 눈물과 아픔을 모두 담지 못했을 것입니다. 아프지도 않고 눈물도 안 흘리고 위로할 일도 없는 사람이라면, 이 세상의 약자들과 평화를 위해 헌신하지 않았을 것입니다. 자기 자신에게 너무 야박하게 굴지 말아야 합니다. 슬퍼하는 자신을 슬퍼하도록 그대로 두세요. 눈물 흘리는 나를 내가 위로해 주세요. 아무도 모르고, 말로도 할 수 없는 슬픔을 위로할 사람은 바로 자기 자신입니다.

자신을 위로하는 방법은 여러 가지가 있습니다. 자신을 토닥토닥 안아 줄 수도 있습니다. 이것을 셀프 테라피(Self Therapy)라고도 합니다. 이는 자신에 대한 가장 본능적인 위로의 표현 방법입니다. 놀랐을 때 가슴을 쓸어내리거나 불안해할 때 손을 마주 잡는 행동도 이와 같습니다. 충분히 울게 두고 눈물을 닦아 줄 수도 있습니다. 멋진 식사를 하거나 영화를 보는 등 자신에게 선물을 줄 수도 있지요. 또 말이나 글로 자기 대화를 하며 위로하는 것도 좋을 것입니다. 물론 자기위로가 무조건 감싸 주기로 끝나서는 안 됩니다. 스스로 충분히 위로한 후 격려하고 다시 일어나야 합니다. 자기를 위로할 줄 아는 사람은 다른 사람도 따뜻하게 위로할 수 있습니다.

위로 남을 달래 주기

위로란 따뜻한 말과 행동으로 타인의 슬픔을 덜어 주는 것입니다.
고통스러운 상황을 당장 변화시키려고 해서는 안 됩니다.
먼저 슬퍼하는 이와 함께 있어 주고
무슨 일이 닥쳤는지 어떤 마음인지 들어주는 것이 필요합니다.
특히 우리는 약한 사람들과 피해당한 사람의 처지를
이해해 주어야 합니다.
우리가 그 아픔을 공감하고 위로할 때
더 이상 혼자가 아니라는 생각에 힘을 얻게 될 것입니다.

깊이 생각하기

☆

슬픈 일을 겪었을 때 자기를 위로한 경험이 있나요?

☆

내 주변에 위로가 필요한 사람이 있다면 어떻게 위로하면 좋을까요?

자기 대화하기

나의 마음과 생각을 잘 들여다보세요.
다른 사람을 위로하면서 나 자신은 그냥 두고 있진 않나요?
나의 아픈 마음과 몸을 위로하는 편지를 써 보세요.

우울한 사람에게

세상이 눈물로 가득하다
세상이 내 앞에서 운다
나에게 슬픔이 마르지 않는다

눈물이 앞을 가려
난 세상을 볼 수 없어
눈물이 앞을 가려
세상은 날 볼 수가 없어

눈물의 바다를 떠다닌다
알 수 없는 먼 곳에서
나는 세상과 만난다

슬픔이 세상에 넘친다
세상이 내 속에서 슬프다
세상은 나에게 눈물 되어 흐른다

슬픔이 앞을 가려
세상을 볼 수가 없어
슬픔이 앞을 가려
세상은 날 볼 수가 없어

슬픔의 늪으로 가라앉는다
바닥 모를 그곳에서
나는 눈물을 닦는다

자기애도와 연민

자기애도 슬퍼한 후 털어 내기

지나간 슬픔과 고통을 이겨 내는 것을 자기애도라고 합니다.
이겨낸다는 것은 감정을 누르거나 피하라는 뜻이 아닙니다.
오히려 슬프고 괴로울 때 충분히 슬퍼해야 합니다.
그러나 지나간 일들을 마냥 되새기며
슬픈 마음으로 한없이 주저앉아만 있어서는 안 됩니다.
먼지를 털어 내듯 슬픔을 딛고 일어서야 합니다.
자신의 아픔에 사로잡혀 있는 사람은
다른 사람을 돌아보거나 도와줄 수 없습니다.

　　어린 시절 나의 아버지는 참 무서웠습니다. 아버지의 폭언과 폭행은
일상적이었고, 술을 드시면 더욱 그랬습니다. 나의 가족들은 아버지의
기분을 상하지 않게 하려고 전전긍긍하며 지냈습니다. 그렇게 자라서
그랬는지 어른이 되고 직장 생활을 시작했을 때, 나이 든 남자 상사들
이 아버지처럼 두렵게 느껴졌습니다. 뭐라고 하는 것도 아닌데 눈치를
보았습니다. 어린 시절의 상처는 어른이 된 나에게 고스란히 영향을 주

없습니다. 나는 늘 이유 모를 두통과 신경성 위장병에 시달렸습니다.

기회가 되어 심리상담소를 찾아가게 되었습니다. 상담사에게 내 이야기를 하기는 쉽지 않았습니다. 이야기하려고만 하면 몸이 부들부들 떨리고 눈물이 쏟아졌습니다. 그렇게 수개월 동안 울고 또 울며 개인 상담을 받고 집단 상담 모임까지 나가게 되었습니다. 모임에서 나는 다른 사람들의 이야기를 듣고 깜짝 놀랐습니다. 나의 삶을 옭아매고 있었던 이 엄청난 상처가 너무나 흔한 일이었기 때문입니다. 대부분이 나와 비슷한 경험이 있었고, 더 큰 상처를 이겨 낸 사람들도 있었습니다. 나만 특별하고 불쌍하다고 생각했는데 인간이란 모두 고통을 견디며 사는 존재라는 것을 알게 되었습니다. 사람들은 서로의 아픔을 내어놓고 울고, 다른 사람의 아픔을 들으며 울었습니다.

나는 네모난 상자 속에 웅크려 나의 슬픔만을 바라보며 살아왔습니다. 그러다 눈을 빼꼼히 들어 상자 밖을 살펴보았습니다. 모든 사람이 자기만의 네모난 상자 속에서 상처받아 숨어 있는 모습을 볼 수 있었습니다. 그제야 나는 오래 웅크려 힘들었던 다리를 펴고 상자를 밖으로 나올 수 있었습니다. 그리고 다른 사람에게 손을 내밀며 그들의 이야기를 들을 수 있게 되었습니다.

이 이야기는 준희 씨의 이야기입니다. 준희 씨는 자신의 아픔이 다른 사람들을 이해하는 연민의 다리가 된 것 같다고 말합니다. 보빙이라는 생존 수영법이 있습니다. 물 바닥까지 내려갔다가 바닥을 차고 올라와 호흡하기를 반복하는 수영법입니다. 숨을 쉬기 위해서는 몸에 힘을 빼고 바닥까지 내려가야 합니다. 바닥까지 내려가야 바닥을 차고 올라와서 숨을 쉴 수 있습니다. 수영을 못하는 사람이 물에 빠졌을 때 살기 위해 허우적대면 오히려 몸이 가라앉거나 물을 먹어 호흡이 힘들어집니다. 감정도 마찬가지입니다. 상처, 슬픔, 고통 등의 감정에 깊이 빠졌을 때 억지로 빠져나가기 위해 허우적대면 오히려 그 감정에 매몰될 수 있습니다. 상처와 슬픔을 털고 일어나기 위해서는 온전히 슬퍼해야 합니다. 슬픔의 바닥까지 겪어 보아야 감정을 털어 내고 숨을 쉴 힘을 얻을 수 있습니다. 잊어야 할 때, 버려야 할 때, 떠나보내야 할 때는 보빙을 해야 합니다.

자신에게 중요한 대상과 이별했을 때, 일생에서 중요한 어떤 상태를 잃었거나 얻지 못했을 때의 정서적 고통을 이겨 내기는 쉽지 않은 일입니다. 충격으로 인해 좌절, 분노, 고통스러운 슬픔을 느끼게 되어 넋을 놓고 지내거나 감정의 폭풍 속에서 헤맬 수도 있겠지요. 그러한 고통이 있을 때 먼저 충분히 슬퍼하는 시간을 가져야 할 것입니다. 감정을 억압하거나 쉽게 다른 감정으로 전환하며 고통을 회피한다면 사람의 무의식은 그 감정에 매이게 됩니다. 슬픔을 직면하는 시간이 필요합니다. 고통이 발생한 상황, 대상에 대한 의존도, 정서적 성숙의 수준, 내적·외적 요인

등에 따라 슬퍼하는 기간은 다를 수 있습니다. 특히 어떤 감정이든 오래 간직하는 사람들에게는 더 긴 시간이 필요할 것입니다.

그러나 슬픔이나 아쉬움을 충분하게 표한 다음에는 바닥을 차고 올라와야 합니다. 그리고 현실에서 숨을 쉬며 살아가야 합니다. 마음의 고통이 있을 때 슬픔이 어느 정도까지는 도움이 될 수 있지만 슬픈 감정에만 집중하다 보면 자신의 몸과 마음을 망치게 됩니다. 슬픔을 모르는 사람은 타인을 동정할 수 없지만, 자기 슬픔에 빠져서 헤어 나오지 못하는 사람은 자신을 망치고 남을 도울 수도 없는 사람이 됩니다. 상실감, 이별의 슬픔, 우울한 마음을 항상 간직하고 그 감정으로 마음의 방을 꽉 채우고 있는 사람들이 있습니다. 자신의 고통에 흠뻑 젖어 살아간다면 다른 감정들이 들어올 수가 없습니다. 보낼 것은 보내야 하고 잊을 것은 잊으며 스스로 추슬러야 합니다. 이렇게 아픔으로 인해 충분히 슬퍼한 후에 그 슬픔을 떠나보내는 것을 자기애도라고 합니다.

자기애도는 자기연민과 차이가 있습니다. 자기연민은 최악의 상황을 참고 견디는 힘이 되기도 하지만 자신을 비극의 주인공으로 만들어 미화시키기도 합니다. 자신을 피해자와 약자의 위치에서 감싸 주는 것이지요. 불쌍한 사람이 아닌데도 자기를 불쌍한 사람으로 착각하게 하고, 자신의 이기적인 욕망으로 인해 좌절된 것까지도 위로받으려 합니다. 누군가 자신을 일으켜 줄 때까지 쓰러져 울며 관심을 독점하기도 합니다. 이러한 사람은 자신만을 바라보기 때문에 타인의 향한 연민의 눈을 돌릴 수가 없습니다.

영화 촬영 기법 중에 줌인(zoom in)과 줌아웃(zoom out)이 있습니다. 대상을 고정한 채 초점거리를 변화시켜 대상에게 접근하거나 멀어지게 하는 기법입니다. 주인공의 정서적 고통이나 상실의 상황에서는 줌인하여 얼굴을 클로즈업합니다. 그리고 줌아웃하면서 주인공을 둘러싸고 있는 사람, 배경, 관계를 보여 주기도 합니다. 영화가 한 편 다 끝날 때까지 주인공에게만 줌인 되어 있다면 어떨까요? 인생에서도 줌인과 줌아웃 기법을 사용해야 합니다. 줌아웃하면 나를 둘러싼 다른 사람들이 보일 것이고 그들의 아픔이 느껴질 것입니다. 자기연민은 줌인하는 것이고, 자기애도는 충분한 줌인 후에 줌아웃하여 다른 사람들을 보는 것입니다.

매일 선생님에게 편지를 쓰는 아이가 있었습니다. "선생님, 저는 일곱 살에 왕따를 당했어요. 저는 친구가 없어요." 자신의 아픔을 쓰고 또 썼습니다. 불쌍한 자신에 대해 동정도 하고 위로도 하고 원망도 했습니다. 아이는 편지를 쓰느라 아무하고도 놀지 못했습니다. 친구들이 놀자고 제안해도 "난 이거 써야 해."라며 거절했지요. 친구 없는 자기에 대한 연민에 사로잡혀 친구를 사귈 여유가 없었던 것입니다.

이렇게 자기연민에 빠져드는 것은 자기를 영원히 약자로 남겨 놓는 것입니다. 자기애도는 자기연민을 끝내는 것입니다. 슬픔을 끝내기 위해 슬퍼하는 것이지요. 어려운 시절을 지켜준 자기연민에게 고마워하고 자기연민과 작별하는 것입니다. 자기애도를 하면 자신의 억울한 과거의 기억이 현재를 지배하지 않게 됩니다. 살다 보면 잠시 자기연민에 젖어 들 수 있지만 우리는 다시 애도하고 과거와 작별하고 일어서야 합니다. 남이 나를 위로하지 않아도, 나 홀로 가는 길이라도 말입니다.

여러분을 끊임없이 아프게 하는 상처나 고통이 있나요? 도저히 떠나보낼 수 없는 것이 있나요? 이제는 고통을 직면하고 충분히 슬퍼하세요. 그래야 아픔과 고통을 놓을 수 있습니다. 우리 것을 떠나보낼 때, 다른 사람들의 아픔이 우리 마음에 들어올 공간이 생깁니다.

연민 남의 불행 안타까워하기

연민이란 다른 사람을 가엽고 안타깝게 여기는 마음입니다.
타인이 겪고 있는 문제를 모른 척하지 않고
자기 일처럼 여기는 것입니다.
사람은 모두 고유한 존재이기 때문에
다른 사람을 완벽하게 이해하는 것은 불가능합니다.
그러나 열린 마음으로 공감하고 위로할 수 있어야 합니다.
연민의 마음이 있는 사람은
타인을 돌아보고 이해해 줄 뿐만 아니라
어리석은 사람, 자신을 힘들게 하는 사람들을 바른길로 이끌어 줍니다.

깊이 생각하기

☆

누군가 불쌍하다고 생각한 적이 있나요?

☆

누군가 불쌍하다고 느낄 때 당신은 어떻게 행동하나요?

자기 대화하기

내가 나를 스스로 불쌍하다고 여기며 연민에 빠진 적이 있나요?
잊을 수 없는 아픔이 있나요?
이제는 자기 대화를 하며 그 아픔을 떠나보내는 편지를 써 보세요.

자기강화

자신을
강하게 만들기

칭찬과 격려

노력한 나에게 자랑이 아닌
응원과 지지를 보낸다

칭찬에 목말라
남의 입을 쳐다보는 나에게

칭찬의 단물이 아닌
격려의 샘물을 준다

칭찬은 자기만족일 뿐
우쭐거리는 탐욕에 지나지 않는다

칭찬의 노예가 되어 노력하고
칭찬받기 위해 아첨하는 내가 아닌

현재의 결과에 절망 말고
나의 가능성을 찾아본다

칭찬, 인기에 영합하지 않는 나를
격려하고 응원한다

평화인성을 키우는 자기우정

자기격려와 격려

자기격려 나를 응원하기

자기격려란 자기 자신을 응원하는 것입니다.
자기격려는 결과가 아니라
노력한 과정과 가치를 인정하는 것입니다.
특히 올바른 일을 하는 것에 대해서는
아무리 하찮은 일이라고 해도 크게 격려해야 합니다.
격려하기 위해서 그동안 노력했던 것을
돌아보는 것이 필요합니다.
내가 처한 현실을 바탕으로 새로운 희망과 가능성을 보는 것입니다.
그리고 스스로 한발 더 나아가도록 용기를 주어야 합니다.

나는 주말에 산에 가는 것을 참 좋아합니다. 정상에 도착하면 컵라면과 김밥을 먹고 후식으로 달콤한 커피 한잔을 마십니다. 산에서 먹는 컵라면과 김밥, 커피의 맛은 산해진미 부럽지 않습니다.

이 맛을 잊지 못해 매주 산에 가지만 고개를 넘어갈 때면 숨이 턱 끝까지 차오르고 다리가 후들거리며 심장이 밖으로 튀어나올 것만 같습니다. 그때는 저 멀리 있는 정상과 배낭에 있는 음식들은 생각도 나지 않습니다. 힘든 그 순간에는 그저 바로 몇 걸음 앞에 앉아 쉴 수 있는 평평한 바위를 간절히 원하게 되지요. 눈에 보이는 작은 목적지를 정하고 한 걸음 한 걸음을 어렵게 내디디며 속으로 열심히 중얼거립니다. '다시는 산에 오나 봐라.'

그런데 신기하게도 어느 순간 뿌듯한 마음이 차오릅니다. 한때 한탄과 후회를 했을지 모르지만 포기하지 않고 열심히 걷고 있는 자신이 기특하게 여겨지지요. 행여 일행보다 느리게 오르고 있을지라도, 느린 내 뒤에 길게 교통체증이 생겼을지라도, 포기하지 않고 계속 걷고 있다는 것이 가치 있게 느껴져 자신을 응원하게 됩니다.

산을 오르는 것은 다른 사람이 대신해 줄 수 없는 나의 과제입니다. 숨이 끝까지 차오르는 그 순간은 정말 포기하고 내려가고 싶은 유혹이 강합니다. 그래도 포기하지 않습니다. 물론 너무 힘들어 잠시 쉴 수도 있겠지요. 그러나 결국 엉덩이를 툴툴 털고 일어납니다. '딱 저기까지만 가자.' 눈앞에 보이는 바로 저기까지라는 목표를 설정하고 천천히 올라갑니다. 그리고 그 목표에 도달하는 순간 적절한 다음 목표를 재설정합니다. 그렇게 한 단계 한 단계씩 천천히 걷다 보면 어느새 산의 정상이 눈앞에 다가와 있습니다.

'여기까지 왔잖아. 더 갈 수 있어. 저기까지만 더 올라가 보자.'

자기 격려는 지치고 힘들어 포기하고 싶을 때 할 수 있다고 스스로 용기를 주고 응원하는 것입니다. 다른 사람과 비교하거나 어떤 평가 기준을 토대로 '잘했다', '못했다' 판단하는 것이 아니라 자기 자신에게 내적 동기를 부여함으로 계속할 힘을 주는 것입니다.

자기격려는 결과보다 노력에 대한 인정과 정당한 평가가 바탕이 됩니다. 또한 정확한 사태 파악과 이성적 추론이 요구됩니다. 자신의 발목이 너무 무리했다고 정확하게 진단했거나, 자신의 체력이 버틸 수 없다고 냉정하게 추론했다면 더 이상의 산행은 포기해야겠지요. 등산할 때 무리한 욕심으로 부상을 입는 경우를 종종 볼 수 있습니다. 그러기에 자기격려는 적절한 목표를 설정해 주는 것입니다. "그래, 넌 이 정도는 할 수 있어. 그리고 또다시 노력하면 이만큼 더 할 수 있어." 이것은 남과의 비교가 아니라 자기의 능력에 대한 정당한 평가를 통해 이루어집니다.

토끼와 거북이 이야기를 모르는 사람은 없을 것입니다. 우리는 꾀 부리지 않는 성실함을 얘기할 때 이 이야기를 종종 사용하곤 합니다. 그런데 질 것이 뻔한 경주를 하는 거북이는 어떤 마음이었을까요? 거북이는 아무리 노력해도 토끼와 같은 속도를 낼 수 없다는 것을 정확히 알고 있었을 것입니다. 그렇기에 거북이는 토끼를 속도로 이기고자 하는 무모한 욕심을 부리지 않았습니다. 아마 자기 능력 안에서 할 수 있는 일을 찾아보았을 것입니다. 그것은 꾸준히 걷는 것이지요. 토끼처럼 빠르게 가지는 못하지만, 거북이의 능력으로 완주하는 것은 충분히 가능한 일입니다. 거북이는 자기의 느린 걸음에 의미를 부여했습니다. 빠르기가 생명인 경주에서 느리게 걷는 자신을 있는 그대로 인정하고 자기 걸음을 과소평가하지 않았습니다. 그것은 결과보다는 노력을 인정했기에 가능한 일일 것입니다.

설령 결과가 좋지 않다고 해도 그 가치를 인정할 수 있어야 합니다. 거북이에게는 이기고 지는 결과보다 완주하는 것, 노력하는 것이 더 중요했습니다. 우리는 결과가 좋지 않을 때 실패하고 좌절하기 쉽습니다. 그러한 상황에서 스스로 일어설 힘을 가져야 합니다. 그러기 위해서 자기격려를 할 수 있어야 합니다.

산에서 만나는 사람들은 힘들어하는 사람들에게 손을 내밀어 도와 주기도 하고 "조금만 가면 돼요."라며 응원하기도 합니다. 고개를 푹 숙이고 한 걸음 한 걸음 걷는 사람에게는 "파이팅!"을 외쳐 주기도 합니다. 자기 스스로 격려해 본 사람은 타인도 진심으로 격려할 수 있습니다. 운동경기에 출전하는 사람들에게 파이팅을 외쳐주는 것, 패배한 사람에게 힘내라고 박수를 치는 것, 실수한 사람과 움츠린 사람에게 용기를 내라고 하는 것, 이것이 바로 격려의 모습일 것입니다.

격려는 칭찬과는 다릅니다. 칭찬을 듣기 위해서는 다른 사람의 기대에 맞춰야 합니다. 칭찬을 듣지 못하면 쉽게 좌절하고 의기소침해지기 쉽습니다. 격려는 상대의 현실을 인정해 주는 것입니다. 그리고 앞으로 나아갈 힘을 줍니다. "이만큼 노력해 왔잖아. 넌 이 정도는 할 수 있어. 다시 노력하면 또 이만큼 할 수 있어."라고 말입니다.

누군가 힘들어할 때 말없이 꼭 안아 주는 것이 위로라면 어깨를 툭툭 쳐 주고 다시 일어날 힘을 주는 것이 격려입니다. 다른 사람이 하는 일이, 그 노력이 얼마나 가치가 있는지 일깨워 주며 지지해 주는 것이지요. 실패했어도 포기하지 않고 한 발짝 앞의 목표를 설정해 나아갈 힘을 불어넣어 줍니다.

격려 남을 응원하기

격려란 누군가에게 용기를 주고 응원하는 것입니다.
격려는 근거 없는 칭찬과는 다릅니다.
잘했다면 인정하되 과장하거나 아첨하지 않고
못했다면 잘할 수 있다고 응원해 주는 것입니다.
결과보다는 노력한 것을 인정해 줍니다.
상대가 낙담하지 않고 희망을 품도록 합니다.
격려는 절망에 빠져 자신을 과소평가하거나
칭찬에 취해 과대평가하지 않도록 도와줍니다.

깊이 생각하기

☆
나는 실패하고 좌절했을 때 어떻게 행동하나요?

☆
안된다고 포기하고 나 자신을 자책한 일이 있나요?

자기 대화하기

지금 자기 격려가 필요한 일이 있나요?
그렇다면 지금까지 내가 한 노력에 대해 인정하고 응원해 주세요.
내 능력 안에서 할 수 있는 다음의 목표를 찾아 자기 격려해 주세요.

나로부터 시작

백범 김구

내 힘으로 할 수 없는 일에 도전하지 않으면
내 힘으로 갈 수 없는 곳에 이를 수 없다
나를 넘어서야 이곳을 떠나고
나를 이겨 내야 그곳에 이른다

갈 만큼 갔다고 생각하는 곳에서
얼마나 더 갈 수 있는지는 아무도 모르고
참을 만큼 참았다고 생각하는 선에서
얼마나 더 참을 수 있는지는 누구도 모른다

지옥을 만드는 방법은 간단하다
가까이 있는 사람을 미워하면 된다
천국을 만드는 방법도 간단하다
가까이 있는 사람을 사랑하면 된다

모든 것이 다 가까이에서 시작된다
상처를 받을 것인지 말 것인지도 내가 결정한다
또 상처를 키울 것인지 말 것인지도 내가 결정한다
그 사람 행동은 어쩔 수 없지만
반응은 언제나 내 몫이다

산고를 겪어야 새 생명이 태어나고
꽃샘추위를 겪어야 봄이 오며
어둠이 지나야 새벽이 온다

거칠게 말할수록 거칠어지고
음란하게 말할수록 음란해지며
사납게 말할수록 사나워진다
결국, 모든 것은 나로부터 시작되는 것이다
나를 다스려야 뜻을 이룬다
모든 것은 나 자신에 달려 있다

자기극복과 겸손

자기극복 나와 싸워 이기기

자기와의 싸움에서 이기는 것이 자기극복입니다.

적은 외부에 있다고 사람들은 생각합니다.

그러나 제일 어려운 싸움은 자기와의 싸움입니다.

사람은 자주 움츠러들고 현재에 머물고자 합니다.

이러한 자기 자신을 이겨 내고 한계를 넘어서야 합니다.

나와 싸워서 이기는 사람은

더욱 성장하고 성숙하게 되며 자부심을 느끼게 됩니다.

이렇게 어려운 싸움을 해 본 사람만이

진정으로 다른 사람에게 겸손할 수 있습니다.

우리 엄마 소나무는 내가 아가일 때 갑옷을 입혀 솔방울에 꼭 집어넣으셨지. 엉덩이에서 하얀 움이 보이자 엄마는 우리 형제들에게 신신당부하셨어.

"나의 아이들아, 이제 세상으로 떠나거라. 어디에 도착하든지 거기가 너희들이 살아갈 집이다. 그곳에 뿌리를 내리고 끝까지 살아남아서 멋진 소나무가 되려무나. 그것이 바로 우리가 세상에서 의미 있게 사는 것이란다.”

바람이 부는 어느 초가을, 엄마는 솔방울 집을 크게 흔들어 우리를 세상으로 날려 보냈어. 나도 푸른 꿈을 안고 바람 따라 날아올랐지. 그런데 아뿔싸! 바위 절벽 후미진 틈바구니에 그만 발이 빠지고 만 거야. 아무리 용을 쓰고 나오려고 해도 꼼짝할 수가 없었어. 멀리서 나를 보신 엄마는 가엾다고 눈물을 흘리셨어. 엄마는 지나는 바람마다 부탁하며 나를 빼내 달라 사정을 했지만 소용없었어.

뿌리를 내릴 흙도 없고 마실 물도 없어서 나는 이대로 말라 죽나 싶었어. 이런 나 자신이 처참하게 느껴지고 너무 슬퍼서 눈도 뜨고 싶지 않았지. 형제들은 모두 멀리 날아갔고 외로워 모든 것을 포기하고 싶었어. 그러나 그때마다 엄마의 말씀이 떠올랐어.

“끝까지 살아남아서 이 세상에 의미 있는 존재가 되려무나.”

나는 이를 악물었어. 그리고 있는 힘을 다해 바위 틈바구니에 붙어 있는 이끼들 사이에 뿌리를 내렸어. 그리고 아침 이슬로 목을 축였지. 이끼들이 말라갈 때면 비가 오는 날만 기다렸어. 하루하루를 힘겹게 이겨 내며 그렇게 길고 긴 시간이 지나갔어. 나의 키는 오그라들었고, 바람이 부는 대로 휘청이면서 꼬불꼬불 울퉁불퉁 난쟁이 소나무가 되어 버렸어.

내 살아가는 모습이 딱했던지 바위틈도 조금씩 자리를 비켜 주며 힘내라 응원해 주었어. 멀리서 엄마 소나무가 안쓰러워했지만 다른 소나무들은 손가락질하면서 비웃었어.

"저것도 소나무라고 바늘잎이 파랗기는 하네!"

"저런 난쟁이 소나무는 소나무라고 할 수 없어. 우리와 같은 족보라
니 말이 돼?"

하지만 난 싸우고 싶지 않았어. 그렇게 생각할 수도 있으니까. 그렇지
만 모두가 나를 싫어한 건 아니었어. 나비와 다람쥐, 바람과 풀꽃들이
언제나 말을 걸었거든. 나는 친구들의 이야기를 들어주었어. 친구들은
나와 함께 있으면 휴식을 얻은 것 같다고 했어.

그러던 어느 날, 절벽 위에서 '야호!' 하는 사람 소리가 나더니 밧줄
하나가 내 옆쪽으로 내려왔어. 암벽 타는 한 아저씨가 줄을 타고 내려오
다가 나를 발견한 거야. 아저씨는 나를 요리조리 살펴보더니 싱글벙글
웃으며 조심스레 뽑아 안고 산을 내려갔어. 그날로 나는 햇볕이 잘 드는
아저씨네 집 베란다에 옮겨져 살게 되었지.

어제는 나의 일생일대 역사적인 날이었어. 내가 전국 분재 전시회에
나가게 된 거야. 나는 번쩍거리는 금빛 띠가 달린 이름표를 목에 걸었어.
오가는 사람들이 나를 보고 아름답다고 칭찬했지. 세상에! 이런 영광
스러운 날이 있을 줄이야!

이 이야기는 최송섭 작가의 『난쟁이 소나무의 회고담』입니다. 난쟁이 소나무는 죽을 수도 있는 악조건을 이겨 냈습니다. 좁고 외로운 바위틈에서도 소나무로 자라기 위해 자기 자신을 이겨 냈습니다. 그렇게 자란 소나무는 작고 꼬불꼬불하고 울퉁불퉁한 모습을 조롱하는 다른 소나무들과 다투지 않았습니다. 그들과 비교하기보다는 주변의 동식물들과 함께 이야기를 나누고 서로 위로하며 살아갔지요. 결국, 난쟁이 소나무는 분재 전시회에 나가는 영광을 맞이합니다. 분재 전시회에 나가지 않았더라도 난쟁이 소나무의 겸손한 태도와 자기극복 능력은 상을 받아 마땅합니다. 멀리서 보는 엄마 소나무도 그런 난쟁이 소나무를 대견하다고 생각했을 것입니다.

　난쟁이 소나무는 다른 소나무들의 비웃음과 비교 속에서도 낙담하거나 경쟁하지 않았습니다. 세상에서 가장 어려운 싸움의 대상이 자기 자신임을 알고 있기 때문입니다. 그것은 혹독한 고통 속에서 자신을 이겨본 사람들만이 알 수 있습니다. 우리는 자기 자신과 싸워 이기려고 노력해야 합니다. 바로 그것이 참다운 용기이고 자기 도전입니다. 두려움을 이기고 자신이 한계로 설정해 놓은 것을 넘어설 때, 우리의 자아는 확장되고 더욱 단단해집니다.

　자기를 극복하는 과정은 고통이 따릅니다. 우리가 운동할 때 평소에 안 쓰던 근육들을 쓰게 되면 내 생각과 다르게 움직이거나 심지어 부들부들 떨리기도 하지요. 너무나 힘들어 더는 할 수 없다는 생각이 들 때쯤 '한 번 더' 하라고들 얘기합니다. 이젠 정말 할 수 없다고 여겨지는 그 순간 '한 번 더' 고통을 이기고 해낸다면 육체의 고통은 더해지나 운동의 효과는 극대화되기 때문입니다. 우리 마음의 근육도 마찬가지입니다. 괴로움이나 어려움이 다가와서 더는 버틸 수 없어 포기하고 싶을 때 숨을 크게 들이쉬어 보세요. 그리고 여러분 앞에 마주한 고통을 있는 힘껏 '한 번 더' 참고 견딘다면 마음 근육은 더 굵고 튼튼해질 것입니다.

사람들은 각자 자신의 위치에서 크건 작건 열심히 자기와 싸움을 하며 살아갑니다. 누군가는 성공하고 누군가는 실패하기도 하면서 말입니다. 자기와의 싸움에서 이기면 이길수록 겸손한 마음을 갖게 됩니다. '내가 싸워 이겼지만, 과연 내 힘만으로 되었을까? 여러 가지 운도 따랐을 것이고 주변 사람의 도움도 있었을 거야.'라고 생각합니다. 그리고 나보다 부족한 사람, 약자라고 생각되는 사람 앞에서도 겸손한 마음을 잃지 않습니다. 남들 역시 그들 자신과 힘든 싸움을 포기하지 않고 지속해 나가는 위대한 존재라고 생각하기 때문이지요. 자기 자신이 그랬던 것처럼 말입니다. 그렇기에 타인의 잘못이나 실수에 관대할 수 있으며, 조급하게 재촉하기보다 여유를 가지고 기다릴 수 있습니다.

겸손은 자만하지 않는 것입니다. 만약 겸손하지 않은 사람이 있다면 아직 그 사람에게는 극복해야 할 것이 많이 남아 있다는 뜻입니다. 자만심과 싸워 이겨 내는 것도 자기극복의 과정 중 하나이기 때문입니다.

겸손 나를 내세우지 않기

자기 자신을 내세우지 않고 다른 사람을 존중하는 것이 겸손입니다.
자기를 극복하기 위하여 노력하는 사람은
자신의 부족함과 약함을 인정합니다.
그리고 자기와의 싸움 가운데서 겸손을 배우게 됩니다.
자기와의 싸움이 얼마나 어려운지 아는 사람들은
다른 사람들도 자기 극복을 하며 산다는 것을 알고 존중합니다.
겸손한 사람은 자만하지 않고
다른 사람에게 다가가 교류하고 협력합니다.

깊이 생각하기

☆

나와의 싸움에서 자기 자신을 이겨 내고 성장한 경험이 있나요?

☆

주변에 겸손한 사람이 있나요?
그 사람의 행동은 다른 사람들과 어떻게 다른가요?

자기 대화하기

자신의 부족함과 약함을 인정하고 자기를 극복하기 위해
자신을 응원하는 글을 적어 보세요.

인내

김현승

원수는
그 굳은 돌에
내 칼을
갈게 하지만

인내는
이 어둠의 이슬 앞에
내 칼을 부질없이
녹슬게 하지 않는다

나는 내 칼날을
칼집에 꽂아둔다
이 어둠의 연약한 이슬이
오는 햇빛에 눈부시어 마를 때까지

자기인내와 관대

자기인내 참고 견디기

뜻한 바를 이루기 위해
괴로움이나 어려움을 참고 견디는 것을 자기인내라고 합니다.
결과가 눈에 보이는 일을 위해 인내하는 것은 쉬운 일입니다.
그러나 불확실한 경우 우리는 쉽게 포기하곤 합니다.
결과를 기대할 수 없거나 아무도 알아주지 않더라도
의미 있는 일을 위해 견뎌야 합니다.
목적을 이루기 위해 쉬운 길을 택하거나
뜻밖의 행운을 바라지도 말아야 합니다.
우리는 때를 기다릴 줄 아는 여유를 가져야 합니다.

어느 따뜻한 봄날에 한 농부가 열심히 모내기를 하였습니다. 다음 날, 농부는 벼가 얼마나 자랐는지 살펴보았습니다. 그다음 날도 그는 논으로 다시 나와 벼의 키를 재 보았습니다. 매일매일 하루도 빠지지 않고 벼를 관찰하였지요. 그런데 몇 날 며칠을 살펴봐도 모내기한 벼는 그대로인 것만 같았습니다. 벼가 잘 자라지 않는 것 같아 농부는 걱정이 되었습니다. 농부는 이런저런 궁리 끝에 벼의 순을 살짝 잡아 빼 보았지요. 벼가 약간 더 자란 것 같았습니다. 해가 지도록 논의 벼를 다 잡아당겨 놓은 농부는 뿌듯한 마음으로 집으로 돌아왔습니다. 농부는 식구들에게 "오늘은 내가 아주 피곤하구나. 온종일 벼가 빨리 자라도록 도와주었다."라고 이야기했습니다. 그 말을 들은 아들은 불안한 마음이 들어 황급히 논으로 달려가 보았습니다. 논에 가서 보니 모가 모두 뽑혀 힘없이 하얗게 말라 죽어 있었답니다.

마음이 급한 나머지 억지로 벼를 키우려다 농사를 망쳐버린 어처구니없는 농부의 이야기는 『맹자』의 「공손추」에 나옵니다. 발묘조장(拔苗助長)이라는 고사성어는 이 이야기에서 유래되었지요. 발묘조장이란 억지로 싹을 뽑아서 성장을 도와준다는 뜻입니다. 기다리지 않고 급하게 서두르다 일을 망친다는 의미입니다.

오랜 시간을 참고 기다리는 것은 쉬운 일이 아닙니다. 우리는 최소한의 노력으로 최대의 효과를 이루고 싶어 합니다. 이는 비용 대비 최고의 산출을 추구하는 경제 원리에는 맞을지 모르지만, 인생을 살아가는 데는 맞는 말이라고 할 수 없습니다. 내가 목적한 바를 이룰 때까지는 기다림과 노력이 필요합니다. 쉽게 얻어진 결과보다 오랜 인내로 얻어진 결과가 훨씬 더 값지게 느껴지는 것은 당연합니다. 노력 없이 행운을 바라거나 쉽게 얻기 위하여 술수를 쓴다면 그 기쁨은 오래가지 못합니다. 그래서 '참는 자에겐 복이 있다.', '인내는 쓰고 열매는 달다.' 등의 많은 격언이 있는 것이지요.

인디언 기우제를 아시나요? 미국 애리조나주의 사막에 사는 호피 원주민들이 기우제를 지내면 반드시 비가 내렸다고 합니다. 영험한 능력이 있어서 그랬을까요? 그 이유는 비가 내릴 때까지 기우제를 지냈기 때문입니다. 한두 번 신에게 빌고 포기하는 것이 아니라 간절함을 담아 진심으로 빌고 또 빌며 기다린 것이지요. 현대 사회에서 인디언 기우제를 바라볼 때 얼핏 어리석게 보일 수 있습니다. 하지만 인생의 대부분은 내가 생각하는 것보다 시간이 더 많이 걸리고 결과가 눈에 보이지 않는 경우가 많습니다. 매미는 성충이 되어 맴맴 울기까지 7년이라는 시간을 땅속에서 견딥니다. 앙상한 나무의 겨울눈도 긴 겨울을 이겨 내고 따뜻한 봄 햇살을 맞아 더욱더 푸르러지지요. 때로는 기약 없는 기다림이 필요합니다. 기다림은 인내이며 오래 참는 것입니다. 우리는 때를 기다릴 줄 아는 여유를 가지고 목표를 위해 끊임없이 노력하는 자기인내를 실천해야 합니다.

　일제강점기인 1933년을 배경으로 하는 〈암살〉이라는 영화가 있습니다. 영화에서 염석진은 독립군으로 활약합니다. 그러나 어느 순간 조국을 배신하고 일본의 밀정이 되지요. 옛 동료였던 독립군들이 염석진에게 배신한 이유를 묻습니다. 그는 이렇게 말합니다. "몰랐으니까. 해방될 줄 몰랐으니까!"라고 말입니다. 독립을 위한 노력은 지극히 어렵고 혹독했을 것입니다. 목숨을 내어놓고 하는 단번의 투쟁도 어렵지만, 매일 반복되는 배고픔과 두려움의 고난을 견디며 편안하게 잘 살고 싶은 욕망과 싸워 이기는 것은 더 힘들었을 것입니다. 불굴의 의지와 끝없는 노력이 없이는 불가능했겠지요. 더욱이 확실한 결과를 예상할 수 없을 때 더욱 인내하기 어렵습니다. 100일을 일하면 큰돈이 입금된다는 약속을 받았다면 100일을 인내하며 기다리는 것은 어렵지 않습니다. 시간이 가까이 다가올수록 일하는 것이 점점 더 즐거워질 수도 있을 것입니다. 그러나 노력에 대한 결실이 불확실하고 심지어 기한마저 없을 때 우리는 참기 힘들어집니다. 밀정이 된 염석진 역시 자신이 독립을 위해 헌신한 만큼 보답받지 못하고 결국 모든 것이 실패로 끝날 수도 있다는 생각에 결국 동료들을 등지는 길을 택하고 만 것이지요.

　사람들은 영화를 보며 배신자 염석진에게 분노했습니다. 그러나 우리는 분노하는 것을 넘어 그의 모습을 타산지석으로 삼아야 합니다. 밀정의 모습 속에서 기다리지 못하고 쉽게 포기하는 우리의 모습을 발견뎌야 합니다. 나아가 독립군의 자기인내를 배워야 합니다. 그들은 불확실한 조국의 미래와 기한이 없는 고통 속에서도 광복이라는 가치를 위해 끝까지 참고 인내하였기 때문입니다. 설령 바라는 결과가 오지 않는다고 하여도 우리는 결과와 상관없이 스스로 격려해 주어야 합니다. 옳은 길을 위해 인내하는 것은 그 자체로 고귀한 가치와 의미가 있기 때문입니다.

'훈도'는 큰 가마에 도자기를 집어넣고 따뜻하게 구워 내는 것을 말합니다. 아름다운 도자기를 만나기 위해서 도공은 가마에 불을 피우고 그 안에서 도자기가 구워지기를 기다립니다. 그 과정에서 도자기가 깨지기도 하고 흠이 생기기도 합니다. 그렇다고 굽다 말고 도자기를 꺼내 살펴보지 않습니다. 한 번 실패했다고 가마를 부숴 버리지도 않습니다. 다시 굽고 기다립니다. 사람과의 관계에서도 마찬가지입니다. 자기인내를 잘하는 사람은 다른 사람의 실수와 잘못에 대해 따뜻하게 격려하고 기다릴 줄 아는 여유가 있습니다. 이러한 사람을 우리는 관대한 사람이라고 말합니다. 관대한 사람 옆에는 많은 사람이 편안한 마음으로 몰려듭니다.

반면에 '편달'은 어떤 사람이 길에서 일탈할 때 그의 종아리를 채찍질하는 것입니다. 잘할 수 있을 때까지 도와주며 기다리는 것이 아니라 바로 꾸중하여 바로잡는 것이지요. 성격이 급하고 인내심이 없는 사람은 자신뿐 아니라 다른 사람들도 기다려주지 않습니다. 실수와 잘못에 대해 채찍질하고 재촉하지요. 이런 사람 옆에 있으면 주눅이 들고 불안해져서 평소 잘하던 일도 안됩니다.

여러분은 '훈도와 펀달' 중에서 어느 쪽을 잘하는 사람인가요? 스스로 견디고 참아내는 사람은 다른 사람을 너그러운 마음으로 인내할 수 있습니다.

관대 남을 기다려 주기

다른 사람의 잘못이나 실수를 너그럽게 받아 주며
믿고 기다려 주는 것이 관대입니다.
관대한 사람은 상대를 섣불리 판단하지 않습니다.
실수나 잘못에 대하여 조바심을 내거나 쉽게 화내지 않습니다.
격려하고 조언하며 다시 기회를 줍니다.
세상의 훌륭한 많은 것들은
숱한 실패와 재도전, 인내의 산물입니다.
그것을 아는 사람은 다른 사람을 너그럽게 받아 주고
여유를 가지고 기다립니다.

깊이 생각하기

- - - - - - - - - -

☆

오랫동안 기다려야 하기 때문에 포기한 일이 있나요?

그 일은 내가 할수 없는 일이라고 생각하나요?

자기 대화하기

- - - - - - - - - -

오래참고 기다려야 하는 상황이

나의 성취와 성장에 도움이 될 것으로 믿고

인내할 수 있도록 자신을 격려해 주세요.

나와 세상을 만드는 힘

사회는 무언의 약속과 다짐
언약과 맹세로 유지됩니다
나 역시 나에게 하는 약속과 다짐으로
나를 만들어 갑니다

잊지 마세요
나와의 약속을 잊으면
약속은 휴지처럼 되고 말아요
그것은 내가 나를
휴지처럼 대하는 것과 같아요

나와의 약속을 중시하지 않으면
나는 스스로 나에게 의리 없는 자가 되지요
일부러 약속을 뒤엎으면 배신자가 되지요

약속을 어기면 변명하지 말아요
그것은 비겁한 거죠
어떤 사람은 이 모든 것이 두려워
아예 약속하지 않는 길을 택하죠
약속은 족쇄라고 하면서

약속을 어길 바에 약속을 안 하는 것이 낫지만
약속을 전면 거부하는 건
자기를 버리고 타자와 우리를 버리는 일입니다
나와 나, 나와 너, 나와 우리는
약속과 그 약속을 지켜 나가는 의리의 힘으로
유지되기 때문입니다

자기약속과 의리

자기약속 나와 약속 지키기

자기약속이란 스스로 정한 것을 가볍게 여기지 않고
완수하려고 노력하는 것입니다.
각오나 계획을 지키기는 쉽지 않아 대부분 작심삼일이 되고 맙니다.
이러한 실패를 당연하게 여기고
자신과의 약속을 어기는 것에 익숙해진다면
결국, 자기신뢰가 무너집니다.
우리는 자기와의 약속을 신중하게 하고 지키려고 노력해야 합니다.
나와의 약속을 소중히 여기는 사람은
타인과의 약속을 지키려고 노력합니다.

깊은 산골짜기에 엄마 호랑이와 아기 호랑이가 살고 있었습니다. 아기 호랑이는 엄마 호랑이가 잡아 온 고기를 먹는 게 큰 행복이었습니다. 엄마 호랑이는 부지런히 고기를 가져다주었고, 아기 호랑이는 배가 부를 때까지 맛있게 먹었답니다. 엄마 호랑이와 아기 호랑이는 마냥 행복했습니다.

그러나 오랜 시간이 지나자 아기 호랑이는 너무 살이 쪄 버렸습니다. 이제 뛰어다니기도 힘든 지경이었습니다. 엄마 호랑이는 걱정이 이만저만 아니었습니다.

"얘야. 이제 곧 어른이 되면 혼자서 사냥을 해야 하는데 이렇게 살이 쪄서 어떻게 사냥을 하겠니?"

아기 호랑이는 식사량을 조절하고 운동을 하겠다고 스스로 다짐했습니다.

다음 날, 아기 호랑이는 평소보다 적게 고기를 먹었습니다. 그러자 배가 고파 움직이고 싶지 않았습니다.

'그래, 첫날이니 운동은 내일부터 천천히 시작하자!'

그는 아무것도 하지 않았습니다. 둘째 날도 마찬가지였습니다. 결심한 지 사흘이 되던 날, 아기 호랑이는 도저히 참을 수가 없어 다른 가족들이 먹을 고기까지 모두 먹어 치웠습니다. 그동안 못 먹은 만큼 더 많이 먹고 보니 배가 불러 움직일 수가 없었습니다.

"얘야, 이게 어떻게 된 거니?"

엄마가 나무랐습니다.

"엄마, 제가 지금 뚱뚱하다고 설마 사냥을 못 하는 어른이 되겠어요? 전 호랑이라고요."

시간이 흘러 아기 호랑이는 독립을 하게 되었습니다. 하지만 예전보다 더욱 뚱뚱해져서 조금만 걸어도 숨이 찰 정도였습니다. 뛸 수가 없으니 먹잇감을 잡을 수도 없었지요. 오랜 시간 동안 먹지 못해 배가 고픈 호랑이는 깜깜한 동굴에서 축 처진 모습으로 후회하고 또 후회했답니다.

아기 호랑이는 어떻게 되었을까요? 엄마 호랑이가 나타나 도와주었을지도 모르고, 작은 사냥과 운동부터 차근차근 시작해서 다시 건강을 찾았을지도 모릅니다. 우리는 살아가면서 꼭 해야 하는 일, 하면 좋은 일, 하고 싶은 일, 하지 말아야 할 일 등 다양한 종류의 일들을 마주하게 됩니다. 그중에 '하고 싶은 일'들은 큰 힘을 들이지 않고도 이루지만 '해야만 하는 일'들은 그렇지 않을 때가 많아 더 노력해야 합니다. 세계적인 축구선수가 되고자 하는 사람은 하루도 빠짐없이 열심히 운동하기로 스스로 약속할 것입니다. 좋은 성적을 위해 이른 아침에 일어나 공부하기로 스스로 약속하는 학생들도 있을 것이며, 이야기의 아기 호랑이와 같이 건강을 위해 식사를 조절하거나 운동하려고 결심하는 사람도 많이 있을 것입니다. 그러나 자기약속을 지키기는 쉽지 않습니다. 다른 사람과 한 약속이 아니니 꼭 지킬 필요가 없다고 생각하거나 그만두어도 좋을 핑계를 찾습니다.

'오늘은 날씨가 안 좋아서 나중에 운동해야지.', '오늘은 기분이 안 좋아서 내일 공부해야지.', '이건 처음부터 지킬 수 없는 무리한 계획이었어.'

이러한 실패의 경험이 쌓여 어차피 안 지킬 자기 약속을 하지 않기로 합니다. 이것은 자기 자신을 믿지 않게 된 것입니다. 우리는 우리 자신과 한 약속을 소중히 여겨야 합니다. 만약 우리가 자기약속을 계속 소홀히 한다면 결국 어느 것 하나도 제대로 이룰 수 없을 것입니다. 어느 순간, 이야기의 아기 호랑이와 같이 절망적인 상황에 부닥칠 수도 있습니다.

자기약속을 무시하며 쉽게 어기지 마세요. 약속을 지키지 못했다면 변명을 늘어놓기보다는 잘못을 인정하고 약속을 지키기 위해 다시 도전해 보세요. 다짐한 것을 끝까지 지키는 것은 어려운 일이며 불가능에 가까울지 모릅니다. 마음먹고 단 한 번도 흔들리지 않았다면 그 과업은 다짐 없이도 가능했을 것입니다. 과업이 어려울수록, 시간이 걸릴수록 약속을 깨뜨리기 쉽습니다. 그래서 작심삼일이라는 말도 생겼을 것입니다. 그러나 자책할 필요는 없습니다. 그저 흔들리는 자신을 받아주세요. 그리고 다시 작심삼일을 이어 가는 것입니다. 분명히 처음은 힘들 수도 있지만, 천천히 약속을 지켜 나간다면 어느 순간 약속을 지키는 것이 어렵지 않게 느껴질 것입니다. 그리고 마지막 순간에는 자신이 이루고자 했던 결과와 뿌듯한 성취감이 기다리고 있을 겁니다.

자기 약속을 가볍게 여기지 않고 잘 지키는 사람은 타인과의 약속도 잘 지킵니다. 자기 약속도 어기고 다른 사람들과의 약속도 어긴다면 그 사람은 의리 있는 사람이라고 할 수 없습니다. 가까웠던 친구들도 계속되는 빈말과 변명에 더는 믿을 수 없어 점점 멀어질 것입니다. 약속을 잘 지키는 사람은 다른 사람들에게 믿음을 줍니다. 자신을 구해 준 선비를 위해 목숨을 걸고 종을 친 '은혜 갚은 까치'의 이야기를 통해 의리를 배울 수 있습니다. 구해 준 고마움을 갚겠다는 언약을 따로 하지 않았다고 해도 마음속 깊은 곳에서 이미 은혜를 갚겠다는 자기약속을 했을 것입니다. 받은 은혜를 갚는 것, 자녀를 정성껏 돌보는 것, 부모를 공경하는 것, 친구들과 사이좋게 지내는 것, 내 것이 아닌 것을 탐하지 않는 것, 약한 사람을 돕는 것 등 우리 마음속에는 이렇게 인간으로서 지켜야 할 가치 있는 약속들이 있습니다. 아무도 보지 않는 곳에서 이러한 가치 있는 약속을 지키는 사람은 의리 있는 사람입니다.

그러나 몇 명만 친하게 지내기로 약속한다든지, 나쁜 행동을 비밀로 하기로 하는 등의 잘못된 약속은 결국 서로를 망치고 맙니다. 그것은 진정한 의리가 아닙니다. 가치 있는 약속과 진정한 의리란 상대가 바른길로 갈 수 있도록 돕는 것입니다. 가치 있는 약속은 나를 올곧게 세우며, 서로 믿는 건강한 관계를 만듭니다.

의리 남과 약속 지키기

타인과의 약속을 책임감 있게 지키는 것을 의리라고 합니다.
약속은 말이나 글로 된 것뿐 아니라
무언의 다짐과 사회적 규범도 포함합니다.
우리는 잘못한 일일지라도 덮어주며 배신하지 않는 것이
의리라고 착각하기도 합니다.
그러나 진정한 의리는
상대가 올바른 사람이 되는데 힘을 보태는 것입니다.
의리 있는 사람은 약속을 신중하게 하며
가치 있는 그 약속을 지키려고 노력합니다.

깊이 생각하기

☆
지금까지 자신이 계획한 것을 미루거나
아직 실천하지 못한 일이 있나요?

☆
잘못된 약속을 하고 그것을 지키려다 곤란한 적이 있나요?

자기 대화하기

의리 있는 사람이 되기 위해서 나 자신과 해야 할 약속을 적어 봅시다.

창밖에 함박눈은 내리고

서정홍

혼인하고 이십 년 만에 처음으로
우리 집에 도둑님이 다녀가셨다
가난한 살림살이 가져갈 것이 없었던지
장롱 옷장 서랍장 가리지 않고 온통 뒤적거려
방 안 가득 옷가지들이 수북이 쌓였다

(중략)

막내아들 녀석은 소리 내어 웃었다
"어머니, 상품권이 우리 집에 있었기에 다행이지
그것마저 없었더라면 도둑한테 얼마나 미안했겠어요
목숨 걸고 들어왔는데"

큰아들 녀석은 따라서 능청스럽게 한마디 거든다
"어머니, 그 도둑이 우리 집에서 훔친 상품권으로 새 구두 사 신고
다음부터는 부잣집 털지 않겠어요?"

듣고도 못 들은 척
아내는 어질러진 옷가지를 차곡차곡 정리하면서 혼잣말로 중얼거린다
"도둑놈 덕분에 미뤘던 옷장 정리 잘하게 되었네
그래도 그렇지…
어디 털 데가 없어… 그래
얼마나 살기 딱했으면 우리 집을 털었겠노"

창밖에는 함박눈이 내리고
우리는 우리도 모르게
도둑과 한패가 되어 가고 있었다

자기해학과 유머

자기해학 우스꽝스럽게 보기

자신의 부족한 점이나 실수, 비극적인 상황을
웃음으로 풀어내는 것이 자기해학입니다.
부정적인 감정을 툴툴 털어내어 희극적으로 보는 것은
현실을 회피하는 것이 아닙니다.
상황에 얽매이지 않고 이겨 낼 힘을 주는 것입니다.
사람이란 누구나 실수하며 때로는 어리석기도 합니다.
자신을 지나치게 엄격한 기준으로 보거나 자책하지 말고
웃어 줄 수 있어야 합니다.
이러한 자기해학은 때로는 위로보다 더욱 큰 힘이 되기도 합니다.

해야 할 일들이 너무 많아 지쳐 있을 때가 있었습니다. 과제를 겨우 끝내고 조금 쉴까 하는 찰나에 더 큰 과제가 새롭게 주어졌습니다. 놀랄 힘도 없고 짜증 낼 여력도 없어 망연자실하고 있을 때 옆에서 함께 일하던 친구가 말했습니다.

"어휴! 이거 죽어야 끝나!"

우리는 그 말에 마주 보고 웃었습니다. 처음에는 그 말이 웃겨서 웃다가, 힘든데 웃고 있는 우리 모습이 웃겨서 깔깔깔 웃다가, 나중에는 왜 웃는지 모르고 허리가 끊어지도록 웃었습니다. 한참 웃고 났을 때의 느낌은 뭐랄까? 목욕하고 나온 것처럼 시원한 느낌, 새롭게 포맷되고 깔끔하게 정리된 마음이었습니다. 구구절절한 위로를 한 것도 아니고 잘할 수 있다고 격려해 준 것도 아닌데 그 상황을 받아들이고 다시 노력해 볼 힘이 생기더군요.

웃음은 어디서 오는 걸까요? 영화를 보거나 책을 읽다가 혼자 신나게 웃은 경험이 있나요? 사실을 부풀린 과장된 표현, 예상 밖의 결말이나 엉뚱한 돌발 상황, 어려운 문제를 해결하는 재치를 보면서 우리는 웃음을 터뜨리고 재미를 느낍니다. 어떤 감정이나 상황을 새로운 관점으로 우스꽝스럽게 표현하는 것을 '해학'이라고 합니다.

우리가 잘 알고 있는 고전소설『흥부전』을 보면 흥부가 배가 고파 놀부네로 밥을 얻으러 갔다가 놀부 부인에게 주걱으로 뺨을 얻어맞는 장면이 있습니다. 흥부는 화를 내기는커녕 뺨에 붙어 있는 밥풀을 뜯어 먹고 반대쪽 뺨을 내밀지요.

"형수님, 여기도 때려 주십시오."

흥부의 이러한 모습은 웃음을 자아냅니다. 객관적으로 바라본다면 아주 처참한 상황인데 말이지요. 이렇게 비꼬는 느낌이나 비난하는 속뜻을 담지 않고 익살스러운 웃음을 주는 것이 '해학'입니다.

여러 가지로 힘들고 우울한 어느 날, 혼자 있고 싶은 마음에 이곳 저곳을 걸어 다닌 적이 있습니다. 우연히 들어간 서점의 베스트셀러 코너에서『죽고 싶지만 떡볶이는 먹고 싶어』라는 책을 보게 되었습니다. 책 제목이 마음에 들어서 한참 바라보았습니다. 죽을 만큼 우울하고 힘든데 코끝에 떡볶이의 냄새가 풍겨 온다면 침이 꼴딱 넘어가고 배에서는 꼬르륵 소리가 날 것입니다. 그 순간 아마 '죽고 싶다.'는 우울한 마음이 '떡볶이를 먹고 싶다.'는 사소한 바람으로 바뀌지 않았을까요? 그리고 죽고 싶지만 떡볶이는 먹고 싶은 자신을 떠올리고 피식 웃었을 것 같습니다. 그 웃음의 장면에서 힘들고 비극적인 현실을 털고 조금 더 살아갈 힘을 얻었을 것입니다. 물론 여기까지는 그저 상상일 뿐입니다. 저는 사실 이 책을 펼쳐 보지도 않았습니다. 그런데 제목만 보고도 나의 무거운 마음이 가벼워진 기분이었지요.

이렇게 힘든 상황이나 못난 자신으로 인해 자기비하에 빠지지 않고 상황을 환기하고 이겨 낼 힘을 주는 것이 '자기해학'입니다. 웃음으로 자신을 둘러싼 긴장을 풀어내고 마음을 가볍게 하고 다시 삶을 살아갈 힘을 주는 것이지요. 우리는 때때로 지나치게 심각해지거나 자신을 비난할 때가 많이 있습니다. 특히 완벽주의자들이나 지나치게 높은 자아상을 가진 사람들은 자기 자신을 학대하기 쉽습니다. 이런 사람들에게 '자기해학'은 일종의 예방주사라 할 수 있습니다. 자기의 작은 단점이나 실수를 인정하고 그것을 내가 스스로 웃음거리로 삼는 것입니다. 자기해학에는 나에 대한 동정과 연민의 마음이 있습니다. 이것은 조롱이 아닙니다. 불완전한 자신에 대한 이해와 열심히 살아가고 있는 자신에 대한 연민의 마음을 바탕으로 하지요. 자기해학은 심각함, 어색함, 불안함을 풀어 줍니다. 이는 현실의 '나'와 이상적인 '나'의 대립에서 오는 갈등을 승화하는 가장 좋은 방법입니다.

'웃프다'라는 말을 들어 본 적이 있나요? 웃기지만 한편으로는 마냥 웃을 수만은 없는 상황, 아니 오히려 울고 싶은 상황일 때 사용하는 말입니다. 겉으로는 웃고 있지만 슬프다는 뜻이지요. 그러나 자기해학은 가짜 웃음이 아니라 진짜 웃음으로 슬픔을 넘기는 것입니다. 자기해학은 슬프고 실패 많은 우리의 인생에 꼭 필요합니다. 그것은 현실을 회피하는 것이 아니라 적극적으로 수용하되 그걸 넘어서는 것이지요. 자신의 불행을 마냥 한탄만 할 수는 없습니다. 「창밖에 함박눈은 내리고」 시처럼 가난해도 가난에 찌들지 않고 웃을 수 있습니다. 길고 긴

고난을 통과하고 있을 때, 고통스러운 일들에 일일이 감정적으로 대응하게 되면 소진되어 기력을 잃기도 합니다. 그럴 때는 그저 웃어 버리는 것이 상황에 얽매이지 않고 이겨 낼 힘을 줍니다.

해학에는 인생에 대한 통찰이 숨어 있습니다. 기계처럼 완벽한 사람은 없습니다. 실수하고 부족하기 때문에 서로 함께 도우며 사는 것이 우리들이지요. 불완전한 사람으로 불확실한 세상에 살아가는 우리에게 문제와 어려움이 있는 것 또한 당연한 일입니다. 어쩌면 인생이란 고통을 극복하며 나아가는 순간들의 연속일지 모릅니다. 어느 때는 웃음이 아닌 눈물과 위로가 필요할 때도 있겠지요. 하지만 어느 때는 어리바리함을 너그럽게 용납하는 엉뚱한 통찰로 넘겨버릴 수도 있어야 합니다. 이렇게 자기해학을 잘하는 사람은 타인의 어리석음과 실수를 비난 없이 웃음으로 넘길 줄 아는 지혜를 키울 수 있습니다.

찰리 채플린(Charlie Spencer Chaplin, 1889~1977)은 영국 출신의 배우이면서 영화감독입니다. 그는 '리틀 트램프(Little Tramp)'라는 익살스러운 캐릭터를 연기하였습니다. 그는 헐렁한 바지와 지팡이, 짧은 콧수염과 짙은 눈썹, 낡은 중절모와 큰 구두를 신고 우스꽝스럽게 걸었습니다. 이 캐릭터는 지금까지도 유명한 그의 트레이드마크가 되었습니다.

그는 가난하고 고단한 어린 시절을 보냈습니다. 어시장에서 주워 온 생선 대가리를 넣고 묽게 끓인 수프로 연명했지만 이런 비참한 환경을 극복하고 자신만의 유머를 개발했습니다. 그는 어떻게 하면 어머니와 동생을 매일 웃게 할지 고민했습니다. 그는 훗날 "배꼽이 빠지도록 웃게 해서 지독한 굶주림을 잊게 해 주고 싶었다."라고 회상했습니다. 어린 시절의 고통은 찰리 채플린을 준비시켜 준 계기가 된 셈이지요. "인생은 가까이서 보면 비극이지만 멀리서 보면 희극이다. 그러므로 나는 멀리 보려고 노력한다."라는 명언을 남기기도 했습니다.

유머는 혼자 웃거나 남을 웃기는 것이 아니라 함께 웃는 것입니다. 우리는 너무 지혜롭게, 너무 우아하게, 너무 점잖게 보이려고 노력합니다. 그러다 보면 긴장도 심해지고 자기 약점을 들키지 않으려 초조해지지요. 이러한 태도는 자신을 가두는 감옥입니다. 여럿이 모여 까르르 폭소를 터뜨릴 때, 머릿속이 텅 비면서 잠시 에고에서 풀려나게 됩니다. 현재 갇혀 있는 곳에서 풀려나는 해방의 순간이지요. 억지 개그가 아니라 삶에서 우러나오는 자연스러운 웃음을 나눌 때, 우정과 편안함을 함께 나눌 수 있습니다.

유머 유쾌한 분위기 만들기

유머란 어색하고 당황스러운 순간, 갈등 상황에서
건강한 웃음을 만들어 내는 것입니다.
유머 감각이 있는 사람은 현실을 새로운 시각으로 바라보며
억지스럽지 않은 웃음으로 긴장을 풀어 줍니다.
다른 사람을 조롱하며 웃음을 만드는 것은 유머가 아닙니다.
유머는 혼자 웃거나 남을 웃기는 것이 아니라 함께 웃는 것입니다.
유머는 사람들의 마음을 열고 긍정적인 에너지를 주며
편안한 분위기를 만들어 냅니다.

깊이 생각하기
- - - - - - - - - - - - - - -

☆

내 주위에 사람들에게 웃음을 주는 친구가 있나요?

☆

나는 나의 약점이나 실수를 웃음으로 넘긴 적이 있나요?

자기 대화하기
- - - - - - - - - - - - - - -

자신을 엄격한 기준으로 보거나 자책한 경험이 있는지 돌아보고,
마음의 긴장을 풀고 웃을 수 있도록 자기 대화를 해 보세요.

자기우정 교육을 향한
압축성장의 기록

이혜미

초등우정팀은 학교 현장에서 큰 효과를 내지 못한 주류적인 인성 교육 담론을 비판적으로 살펴보면서, 앞으로 새로운 개념이 필요함을 절실히 느꼈습니다. 그렇게 오랜 노력 끝에 탄생한 개념이 '자기우정'이 었습니다. 초등우정팀 선생님들은 자기우정을 함께 이해해 나가기 위해 시를 쓰고 노래를 만들고, 수업도 고민하기 시작했습니다. 자기우정에 대한 공감과 기대는 자기우정의 내용을 세분화하고 정교화하는 작업으로 이어졌고, 20개의 자기우정 조목으로 완성되었습니다. 각 조목을 하나하나 깨우쳐 가는 과정은 교사 개인의 자아 성찰과 학급에서의 자기우정 교육 실천, 자기우정에 관한 글쓰기로 소중하게 쌓여 갔습니다. 출판 원고 작업을 끝내고 우리는 다시 모여 그동안의 노고와 고민을 함께 나누는 시간을 가졌습니다. 이 글은 원고 마감을 기념하는 좌담회의 기록이면서 동시에 자기우정 교육이라는 창조의 길을 앞서 주신 김경욱 선생님과의 압축성장의 대화이기도 합니다.

김경욱 자기우정을 함께 공부하면서 어렵거나 힘들었던 것은 무엇인가요?

전소연 무엇보다 각각의 개념을 잡는 것이 힘들었어요. 자기우정의 스무 가지 조목들이 의미상 서로 겹쳐진 부분들이 있는데요. 각 조목의 뚜렷한 특징이 드러나도록 글을 쓰다 보니 여러 차례 글을 쓰고 지우는 고된 작업이 되었어요. 하지만 글을 쓰는 과정에서 자기우정에 대한 선명한 이해와 성찰이 이루어졌어요. 글을 쓰면서 마음에 힘이 생기기도 했고요.

이은영 우리가 일반적으로 사용하는 개념들과 자기우정의 개념이 다르다는 생각이 들었어요. 평소에 자주 사용하는 낯익은 용어들을 자기우정 개념으로 다시 세우려다 보니 의미를 이해하는 것이 어려웠어요. 하나하나 단어의 의미를 다시 한번 고민하고 깨우치면서 나아가는 과정들이었습니다.

이선미 쓴 글을 가지고 선생님들과 정말 많은 이야기를 나누었어요. 개념 잡기가 어려웠지만, 개념을 하나씩 파고들다 보면 결국 내 생각이나 경험 그리고 나의 상황이 정리되는 것 같았어요. 저 역시 그 과정에서 치유와 용기를 얻을 수 있었어요.

김경욱 말을 정리했는데 동시에 내 마음이 정리되었다는 것이죠? 학술적 용어로는 일종의 재개념화가 이루어진 것입니다. 기존의 개념을 해체하고 새롭게 정의를 내리는 것이지요. 근데 왜 이 개념을 바꾼 것만으로도 치유가 된 걸까요?

유정희 자기우정을 공부하면서 나에게 필요한 자기우정 부분이 무엇인지 알게 되었어요. 그런데 내가 아는 것과 행동이 바뀌는 것은 다르다는 것을 실감하게 되었어요. 아는 만큼 실천하지 못해서 힘들다는 생각도 들었어요.

이선미 저 역시 안 되던 것이 갑자기 되고, 삶이 단번에 바뀐 건 아니에요. 하지만 문득문득 '내가 자기 칭찬은 안 해 주고 자신을 스스로 깎아내리려고 하는구나⋯. 왜 그럴까?'를 생각하면서 내 모습을 객관적으로 보게 되었던 것 같아요. 행동까지 큰 변화가 이루어진 것은 아니더라도 예전의 마음과 달라졌다는 것, 나를 좀 더 객관적으로 바라보게 되었다는 것, 자기우정을 키워 가야겠다는 의지가 생긴 것에서 진전이 이루어졌다는 느낌을 받아요.

김지영 이러한 개념을 평소에 안다고 생각했지만, 몸으로는 못 느낀 것이 아니었는지 생각됩니다. 결국, 인지적으로는 알았는데 내면화를 못한 것이었죠. 하지만 자기우정을 공부해 나가면서 단순히 앎이 아닌 몸으로 느끼게 된 것 같아요. 머리로 아는 것이 아니라 마음으로 알게 된 것 같습니다.

김경욱 개념을 바꾼 것이 생각을 바꾸는 것을 뛰어넘어 감정과 욕망을 바꾼 것이라고 할 수 있겠네요. 자기우정 교육을 통해 아이들에게도 이와 같은 과정을 겪게 하는 것이 중요하겠지요?

홍아나 처음에 개념을 잡기가 힘들었을 땐 이걸 독자들에게 또는 아이들에게 어떻게 해야 잘 설명할 수 있을지가 고민됐어요. 처음엔 정확한 개념을 전달해야 한다는 생각이 강했는데요. 개념 전달과 이해의 과정에서 약간의 오류가 발생하더라도 자기 수준에서 이해한 만큼 실천하는 것이며, 이것도 괜찮다는 생각을 가졌어요.

김대화 개념을 이해한다는 것은 자신의 삶과 연결할 수 있고, 결국 행동으로 실천할 수 있는 것이 아닐까 싶습니다. 물론 교사들이 정확히 알고, 정확하게 전달한다는 것도 교사 스스로 그것을 실천할 수 있는 상태에 도달해야 가능한 것 아닐까요?

김경욱 아이들은 정확하게 알지 못합니다. 청찬하면 좋다는 것은 알지만 언제 어떻게 해야 하는지 모르지요. 비판이나 격려에 대해서도 어렴풋이 이해하지만, 정확히 알지는 못합니다. 그러나 아이들은 아직 정확히 몰라도 실천에 어려움을 느끼지는 않습니다. 자기가 아는 만큼 이해한 만큼 적용해 나가기도 하지요. 그러나 교사들에게는 정확함이 요구됩니다. 정확히 알아야 올바른 실천도 가능하다고 생각합니다. 그래서 어른과 아이의 교육적 효과를 비교하면 차이가 발생하는 것입니다. 그러므로 개념 형성이 덜 되어 있는 아이들에게 적절한 매개를 제공하면서 올바른 자기우정 개념을 차근차근 형성해 나갈 수 있도록해야 합니다.

유정희 자기우정의 조목들이 내 삶과 연결되어 있다는 느낌을 강하게 받았습니다. '이 순간 내게 필요한 건 뭘까? 자기인내가 필요해. 자기개방을 좀 더 해야겠어.' 순간순간 나-나 대화를 많이 했던 것 같아요.

김대화 저는 그동안 자기우정에 대한 인식이 없기에 그것을 실천하며 살지 않은 것 같습니다. 당연한 말인데요. 그저 내가 잘하는 것을 하면서 살아왔던 것 같습니다. 지금은 자기우정 조목을 가지고 평가하게 됩니다. 예전에는 못했던 것을 가지고 '왜 안 되지?' 라고만 의문만을 가졌다면 지금은 '이 조목으로 이렇게 실천하면 되지 않을까?' 라고 생각합니다. 그것이 가장 크게 달라진 점이 아닐까 싶어요.

전소연   저는 그동안 나름의 기준을 가지고 살았던 것 같습니다. 글을 쓰고 나서는 좀 달라졌는데요. 과거엔 '인내'라 여겼던 행동들이 사실은 '자기돌봄'이 부족한 모습이 아니었을까 돌아보기도 합니다. 개념을 정리하면서 혼란스러웠던 것이 많이 정리되는 느낌이었습니다.

김경욱   이것은 일종의 척도입니다. 잘못된 척도를 제대로 된 척도로 바꿔 간 것이지요. 척도가 생기면서 오류를 범하지 않게 되는 것입니다. 생각이 바뀌었다고 태도까지 쉽게 바뀌진 않지만 그래도 바꿔 갈 수 있는 토대가 마련된 것이지요. 그렇다면 우리는 왜 잘못된 척도와 매뉴얼을 가지게 된 것일까요?

전소연   일반적으로 인간은 가정과 사회로부터 특정 덕목과 척도를 물려받는 것 같아요. 종합적으로 균형 있게 보지 못하고 특정한 몇 가지 덕목과 기준에 치우치면서 삶에 오류가 생기는 것이지요. 한 가지 덕목이 다른 덕목들과 단절이 되면서 문제가 발생합니다. 저는 '힘들다, 슬프다, 지친다, 아프다.'는 말을 하지 않고 무조건 참는 것으로 일관하며 살아온 것 같아요. 저의 몸과 마음에게 사과할 일이지요. 나를 돌보지 못했으니까요.

이은영 종교인들은 사랑이나 자비와 같은 것들을 생각하면서 살아갑니다. 사랑으로 다 될 것 같다고 생각하는데 현실에서는 그렇지 않지요. 사랑 외에 나름의 다양한 덕목과 척도가 필요합니다. 때로는 비판도 해야 하고 극복도 해야 하니까요.

김경욱 몇 개의 덕목만 머리로 생각하면서 살아간다는 것, 그것을 환원주의라고 말할 수 있을 것입니다. 인간의 '마음 세계'는 무척 다채롭고 섬세한데 그것을 키워 나가기엔 적절하지 않은 것이죠.

이선미 저는 삶의 덕목과 척도는 누군가로부터 전수되는 것이 아니라 각자 구성해 나가는 것이라는 생각이 듭니다. 강조되는 덕목들이야 많지만, 꼭 그것을 나의 척도로 받아들일 필요가 없다고 여기면 적극적으로 받아들이지는 않는 것 같아요.

김지영 요즘 학교에서도 강조하는 덕목이 있지요. 자기존중, 자아실현, 배려, 공감과 같은 것들 말입니다. 이런 말은 많이 인용되지만, 삶 속에서 체질화되지 못하는 것이 아닐까 싶습니다. 나를 돌아보는 거울의 역할을 못 하는 것이죠. 자존감도 중요하지만 자존감을 높이기 위해 아이들을 개별적으로 잘한다고 칭찬만 하는 것이 과연 맞는지에 대한 의문이 들었어요.

전소연 저는 자존감 교육에 관심이 많았고 그것을 적용하는 과정에서도 큰 고민을 하지 않았습니다. 물론 의문은 있었지요. 하지만 모든 것을 부족한 내 역량 때문이라고 생각하고 넘어갔어요. 처음엔 자기우정이란 것도 자존감 교육과 무엇이 다른지 몰랐습니다. 그런데 공부를 해 나가면서 처음엔 미묘해 보이던 것들이 큰 차이를 내포하고 있다는 것을 점차 알게 되었습니다.

홍아나 지금 생각해 보면 저는 성장 과정에서 나-나 대화를 많이 했던 것 같아요. 부모를 모델링하면서 배운 것들, 경험적으로 알고 있었던 것들을 자기우정을 통해 정리하는 기분이었습니다. 저는 자기우정이 아이들의 마음에 생생하게 다가갈 수 있는 적절한 척도라 생각합니다. 이제는 이것을 어떻게 가르쳐야 할지 구체적인 방법론이 중요할 것 같습니다.

김경욱 '어떻게 교육해야 할까?'라는 문제가 있습니다. 자기우정 교육의 교수법만이 아니라 목표 설정이 중요합니다. 요즘 주류적인 인성 교육 담론으로 감정코칭, 버츄 교육, 비폭력 대화 등이 있는데 이와 같은 교육들과 자기우정 교육의 차이가 무엇일까요?

전소연 버츄 교육은 나에게 마음의 보석이 있다는 것을 발견하게 하지요. '이미 내 안에 미덕이 있다는 것'을 전제로 하는 미덕 교육은 긍정심리학 성격이 강한 것 같고, 자존감 교육에 가까워 보입니다. 자기우정 교육은 나에게 부족한 덕목을 발견하고 인정하지요. 그리고 부족한 것을 채우기 위해서 노력한다는 데 차이가 있습니다.

이혜미 버츄 교육을 하는 선생님들을 보면 버츄 카드를 통해 아이들을 칭찬해 주거나 격려해 주는 활동을 많이 해 주시더라고요. 아이들이 가진 장점을 통해 칭찬하고 격려해 줄 것들을 주로 다루는데 반해 자기우정 교육은 자기축하와 자기위로 등의 자기 긍정의 메시지뿐 아니라 자기비판, 자기극복과 같은 자기 부정의 메시지도 담고 있어 좀 더 균형 있게 다루고 있다는 생각이 들어요. 가르치는 입장에서도 덜 부담스럽고요.

김대화 버츄 교육에서는 교사가 아이들의 미덕을 발견해 주는 것이 중요한 장면으로 다가왔습니다. 교사의 시범 활동으로부터 아이들 스스로가 자신의 미덕을 의식하고 발전시키는 것이 중요한 절차겠지요. 그런데 아이들은 무엇을 가지고 그것을 판단할까요? 판단할 수 있는 기준이 모호하다면 아이들 스스로 판단하기 어렵지 않을까요?

이선미 내 안의 미덕을 통해 인성을 연마하는 것이 버츄 교육의 목표라고 할 때 아이들은 어떠한 판단 기준으로 잠들어 있는 미덕을 깨우고 강화해 나갈까요? 어른들에게 있어 미덕 발견과 강화의 암묵적인 판단 기준은 자아실현 정도가 아닐까 싶습니다. 아이들의 눈높이에서 기준으로 삼기에는 어려울 수 있겠어요. 미덕의 내용이 다 유의미해도 생활 장면과 연결되기 어렵다면 나열에 지나지 않겠다는 생각이 듭니다. 누군가가 계속해서 "너에게 이것이 있어."라고 말하는데 정작 자신은 잘 모르거나, 오히려 부족한 것으로 느낀다면 신비주의 내지는 강요가 되지 않을까요? 내가 이미 가지고 있는데 내가 그것을 사용하지 않고 있다고 하면 한편으로는 죄책감이나 책임감의 문제로 받아들일 수도 있습니다.

유정희 저학년에는 와닿을 수 있지만, 비판적 사고가 가능한 고학년 아이들은 받아들이기 쉽지 않을 것 같아요. 나이에 상관없이 스스로 자아를 발견해 나가는 과정이 있어야 주입식 교육에서 벗어날 수 있지 않을까요? 그래야 교실의 장을 벗어나 혼자 있을 때 자기 수행의 거울로 삼을 수 있으니까요. 반복하고 강조하는 교육을 통해 미덕을 심어 주는 것만으로 자존감이나 양심이 키워지리라 장담할 수는 없을 것 같습니다.

홍아나 이야기를 나누다보니 자기우정 교육의 목표가 잘 드러나는 것 같아요. '내가 나의 친구가 되려면?'이라는 목표와 판단 기준이 명확하다 보니 자신을 돌아보고 부족한 부분을 발견하는 일이 어렵지 않았던 것 같아요.

김경욱 그래요, 자기우정 교육은 자존감을 키워 주는 것이 아니라 스스로 친구가 되는 자기와의 관계를 설정해 나가는 토대를 마련해 주는 것입니다. 그러려면 친구 되기에 부족한 부분이 무엇인지

정확하게 알고 그것을 고치거나 바꾸고 보완해 나가는 노력이
필요한 것입니다.

전소연 저는 자기우정의 개념을 하나하나 깊이 있게 이해해 들어가는 과
정이 어려웠어요. 아이들도 저처럼 어려울 것이라고 생각했는데
그렇지는 않더라구요. 개인차가 크기는 했지만 대부분의 학생은
큰 어려움 없는 활동으로 받아들였습니다.

김경욱 자기우정은 자기축하도 해 주고 싶은 욕망과 감정을 인정하면서
조목을 만든 것입니다. 좀 더 정서적이고 감정적인 것들을 인정
한 것이지요. 제시되는 덕목들이 추상적이고 높은 수준의 것, 감
정을 통제하고 배제하는 형식으로 가게 될 때 어른이든 아이든
어렵고 부담스러운 것이 될 것입니다.

김지영 인간적인 감정과 욕망, 인간의 나약한 면을 인정해 주는 것이네
요. 좀 더 인간적이라는 생각이 듭니다. 높은 경지에 오른 추상적
인 현인과 선인을 생각하며 덕목을 말하려면 소위 '탁월한 교사'
가 되어야 하는데 그것이 쉽지는 않지요.

김대화 감정에 관한 이야기가 나왔는데 버츄 교육 외에도 감정코칭도 주류의 담론입니다. 감정코칭은 학생이 감정을 표현하고 스스로 해결하도록 지도합니다. 그러나 자기우정 교육은 자기를 이해하고 자신을 친구처럼 달래고 다시 털고 일어나게 합니다. 이 부분에서도 차이가 드러나는 것 같습니다.

이선미 감정코칭의 반영적 경청은 '감정은 문제가 없다. 감정은 잘못이 없다.'라는 감정 수용으로 시작합니다. 어떤 감정이라도 받아 주는 것으로 시작하는 것이지요. 한 아이가 친구를 때렸어요. 아이에게 묻습니다. "왜 화가 났니? 화가 많이 났구나. 열 받았구나! 죽이고 싶은 마음이 들었구나!" 등등 무조건 수용해 주는 것입니다. 반영적 경청은 시간이 오래 걸리지만 결국 감정을 수용해 준 후에야 그 아이가 올바른 행동을 찾아가리라고 믿는 것이지요.

이은영 감정코칭은 학교에서 실천하기 어렵다고 느껴져요. 그런데 교육과정에서 강조하고 있지요. 단지 다인수 학급이어서 어려운 것 뿐 아니라 여러모로 가능하지가 않아요. 아이들에게 가르칠 땐 교사가 모범을 보여야 하는데 그것이 잘 안되는 상황에서 '너희들은 그렇게 해야 해.'라고 강요하기 어려운 거죠. 학습과 실천 사이에

괴리가 발생하는 것 같습니다. 교사로서 자책감도 생기고요.

김지영 감정을 분류하고 감정에 이름을 붙이라고 하는데 애매하다고 느낄 때가 많아요. 감정을 오히려 단순화시키는 것 같기도 하고요. 감정에 이름을 붙이는 것 자체가 중요하기보다는 일단 감정의 흐름을 멈추고 객관적으로 봐야해요. 감정 밑에 흐르는 욕망이 무엇인지 찾아 봐야겠지요.

전소연 아! 정말 그런 면도 있겠네요. 저는 감정을 표현할수록 오히려 자기 연민에 빠지는 학생들을 보았어요. 자기를 피해자처럼 표현하고 그것을 믿고 오히려 자기소외에 빠지는 거죠. 자기우정은 그렇지 않아요. 자기를 위로하고 자기애도를 통해 다시 다른 사람들에게 나갈 힘을 내는 것이죠.

김경욱 감정코칭에서는 감정이란 이성적 판단을 위한 신호이자 기회라고 바라봅니다. 감정에 대해 인지론적으로 접근하는 것입니다. 감정보다 그 뒤에 있는 욕망을 더 중요하게 보고 있는 것이지요. 우리는 감정의 가치에 대해 인정할 것과 버려야 할 것 등의 개념이 필요하다고 봅니다. 자기우정 교육은 자기우정을 위해 필요한 감정, 때론 웃고 싶고, 울고 싶고, 참고 싶고 하는 등의 감정을 인생을 살아가는 데 필요한 감정으로 인정합니다.

유정희 감정코칭에서는 개개인의 행복과 성취 같은 것들을 목표로 지향하는 것 같습니다. 그에 비해 자기우정은 '나와 친구가 되기, 나아가 타인과 친구 되기'라는 평화적인 가치를 지향하고 있습니다. 그것을 기준으로 감정과 욕망을 키우거나 줄여야 한다는 대화를 나누는 것이지요.

김대화 감정이라는 것이 대게 나라마다 다르고 성별, 나이별로 다를 텐데 자신이 알고 있는 한정된 용어로 감정 표현하고 전달한다는 것이 쉽지 않을 것 같습니다. 감정은 복합적인 경우가 많잖아요? 감정이 풍부하고 차원 높은 단계로 가는 것을 차단하는 오류도 발생할 수 있을 것 같습니다.

김경욱 그래서 자기우정에서는 어떤 감정인지를 정확히 지정하는 것에서의 오류를 피할 수 있는 거죠. '너에게 이런 감정이 필요해. 이런 감정이 좀 빠져 있어.' 정도로 접근하는 것입니다. 교육의 목적은 감정을 조절하는 것도 있지만 분화하고 완성하고 키워나가는 것도 있으니까요. 그 부분을 고려하고 있는 것이죠.

이은영 초등학교에서 많은 선생님이 감정어 목록을 가지고 여러 가지 활동을 많이 합니다. 감정 신호등, 행복 출석부, 자기감정을 번호로 말하기 등이 실시되고 있어요. 이런 활동의 배경이 무엇이었는지 생각해 보면 학교폭력 문제였습니다. 아이들끼리 충돌이 많이 일어나다 보니 방지하는 목적으로 사용된 것이지요. 실용적으로 사용한 것이지 교육적으로 고민된 것은 아니라는 생각이 듭니다. 그러다 보니 학급에서 활동할 때는 뭔가 효과가 있는 것 같다가도 장면을 벗어나면 적용하기 어려운 상황이 일어나는 것이죠.

김경욱 배울 때는 잘했는데 생활에 적용을 못 한다면 전이가 이루어지지 않는 것입니다. 결국, 교육의 목적은 전이가 아닐까요? 자기 우정과 타자와의 우정을 개념상으로는 분리했지만 삶 속에서는 연계가 되도록 하고 혼자 있을 때, 타자와 있을 때, 집단 속에 있을 때 등 여러 상황에서 스스로 적용할 수 있도록 구상하였습니다. 결국은 전이 효과가 중요하기에 개념상으로 제대로 구현했는지 모르지만, 현실에서 가능한 것으로 만들고자 노력하였습니다. 주입식 교육이 나쁜 것이 아니라 전이가 안 되면 나쁜 것이지요. 전이가 안 되는 교육 때문에 역량 교육의 필요가 등장한 것입니다. 각기 다른 대상과 마주했을 때 적용해 나가는 힘을 키우는 것이 중요하다고 생각합니다. 다인수 학급에서는 적용하기 힘든 것은 우리가 추구해야 할 교육의 방향은 아니라고 생각합니다. 공교육은 일반적이고 보편적인 것을 통해 전이 효과를 가져야 하는데 자기우정은 그것을 목표로 하고 있습니다.

전소연 아이들에게 자기우정을 가르칠 때 생활 속에서 계속 적용해 나갈 수 있도록 하는 적절한 매개를 설정해 주는 것이 중요할 것 같아요. 구체적인 상황이나 장면 속에서 나에게 필요한 자기우정 조목의 예화나 시, 소설 등을 기억하고 떠올릴 수 있도록 하는 것이죠.

유정희 예화뿐만 아니라 놀이 게임 등의 다양한 매개를 활용하면서 패턴의 변화를 주어야 할 것 같아요. 해마다 만나는 아이들을 관찰해 나가면서 집단이나 개인에게 좀 더 필요한 자기우정 조목이 무엇인지 살펴보고, 선택 집중해서 가르쳐 줘야 하지 않을까 생각됩니다.

김경욱 우리가 균형 있게 담으려고 하다 보니 조목이 점차 늘어났지요.

개념마다 섬세하게 겹치는 부분이 있더라도 사용할 만한 자기우정 카드를 골라 활용도를 높여 나가면 될 것으로 생각합니다. 다만 자기우정 교육 과정에서 일어나는 아이들의 부정적인 반응이나 문제점들을 찾고 보완해 나가는 과제가 남아 있다고 생각됩니다.

김지영 자기우정 교육을 하면서 아이들의 개인차가 크다는 것을 발견하게 되었어요. 단순하게 받아들이는 아이들도 있지만, 어른보다도 깊이 있게 받아들이는 아이들도 만나게 되더라고요. 또 지적 깨달음은 느껴지지만, 그것이 실천으로 이어지는 것은 또 다른 문제라는 생각도 들고요. 아이들도 노력은 하지만 실천까지 가는 데서 어려움을 느끼더라고요. 물론 저 자신도 그랬으니까요.

홍아나 제가 학급에 적용했을 때도 인문학적 소양이 있는 아이들이 자기우정 교육을 진지하게 받아들이는 모습이었어요. 그렇다고 인문학적 역량이 높은 아이들이 자기우정 능력도 높다고 말할 수는 없을 것 같습니다. 상관관계는 있지만, 인과관계는 아니라고 생각됩니다. 인문 소양 교과는 자기우정 교육을 시작할 수 있는 토대가 될 수 있지만, 우정교육, 평화교육으로 방향 설정을 잘해 주어야 할 것 같아요.

이은영 교수법을 많이 개발해야 할 것 같아요. 아이들이 개념 이해를 통해 뭔가 깨달았어도 주위 압력이나 버릇, 습관이나 가정환경의 영향을 받게 되니까요. 고학년의 경우에는 개념 이해는 되는데 습관화가 어렵고, 저학년은 개념은 어려워도 연습과 훈련을 통해 고쳐 나가는 것 같다는 생각이 들어요. 지금까지 글쓰기 위주로 해 왔는데 앞으로는 아이들이 실천적 지식을 갖출 수 있도록 평가, 보상 등 다양한 교수법의 알파를 찾아가야 할 것 같습니다.

김경욱 자기우정의 조목은 자유, 평등, 박애의 프랑스혁명 구호를 구체화한 것입니다. 자기우정 교육은 개인적인 것처럼 보여도 민주공화국의 주인공을 양성하는 교육인 것이죠. 프랑스혁명은 자유, 평등, 박애 정신을 바탕으로 했습니다. 일반적으로 박애는 '우애와 단결'로 번역하는데 따돌림사회연구모임은 이것을 '우정'이라는 개념으로 바라본 것입니다. 민주주의와 사회주의, 자유주의는 각각 평등과 자유를 중심에 두고 각각을 부수적인 것으로 이야기합니다. 인간관계의 파괴가 심각한 현시대와 한국의 상황을 바라볼 때 평화적 공화주의라는 공동체적 관점에서는 가장 중요한 것이 박애, 즉 우정이라고 보았고 아이들에게 반드시 가르쳐 줘야 한다고 생각했습니다. 책을 내는 것을 시작으로 많은 사람의 경험담을 모을 수 있기를 바랍니다. 계속 연구 실천하면서 효과적인 교수법을 찾아 나갈 것이라 확언합니다. 더 나아가 자기 우정 척도를 통해 사회에 필요한 인간성과 역량을 잘 키웠는지 통계 낼 수 있다면, 그것을 통해 학교급별, 성별, 지역적으로 무엇이 부족했는지를 찾아 집중적으로 보완해 나갈 수 있을 것입니다.

자기우정-우정 조목에 대한
이론적 근거

김경욱

1. 아리스토텔레스의 『니코마코스 윤리학』에 나타난 우정론과 덕론

아리스토텔레스는 "가까운 사람들을 향한 필리아의 특징들, 또 필리아들을 규정하는 데 필요한 기준들은 자기 자신에 대한 태도나 감정들에서 온 것처럼 보인다."라고 하면서 "누구보다도 자기 자신과 고통과 기쁨을 함께 나눈다."라고 주장한다(여기서 필리아는 우정으로 번역된다). 즉 나에 대한 필리아가 타인에 대한 필리아의 기준이라고 할 수 있다는 것이다. 따라서 자기우정은 나에 대한 필리아이고, 자기와 우정 어린 대화를 하는 것을 자기우정이라고 할 수 있을 것이다. 이로부터 아리스토텔레스는 친구는 또 다른 자아라는 결론을 이끌어 내기도 한다. 아리스토텔레스는 친구 사귐을 세 가지로 분류한다. 첫째, 자신의 쾌락을 위해서 사귀는 친구. 둘째, 자신의 이익을 위해서 사귀는 친구. 셋째, 그 사람의 인격 자체가 좋아서 사귀는 친구. 아리스토텔레스는 이

중에서 셋째의 우정만이 참다운 우정이라 하면서 그의 참행복(에우다이모니아)과 덕론으로 연결시킨다.

그런데 꼭 뛰어난 인격자가 아니라 할지라도 지나치게 이기적이거나 자기중심적이지 않으면 세 번째의 우정을 나눌 수 있을 것이며, 이를 통해 이기적, 쾌락적 행복이 아니라 어느 정도의 참행복을 누릴 수도 있고 참행복은 아닐지라도 불행과 고통을 이겨 내는 삶을 살 수 있다는 것이다. 인간이 악해지는 것은 바로 자기우정이나 참다운 우정이 없기 때문인 셈이다. 자기우정은 자기반성(성찰)을 포함하고 있으며 참다운 우정은 타인을 통한 자기반성을 포함하고 있음을 알 수 있다. 이러한 논리 전개 과정에서 아리스토텔레스는 자기우정에 대해 상술하지 않았다. 그러나 아리스토텔레스의 논리 속에서 발견할 수 있는 '참행복 = 참우정 = 자기우정 = 덕'을 통해서 우리는 자기우정과 타인우정에 대한 조목을 작성하는 데 도움을 받을 수 있을 것이다.

아리스토텔레스의 덕론은 참행복을 가능하게 하는 12개의 도덕적 덕목 혹은 인격적 탁월성을 제시하였다. 여기에는 용기, 절제, 관후와 호탕, 긍지와 명예, 온화, 친절, 진실, 기지와 재치(해학 또는 유머와 유사), 수치(불명예에 대해 부끄러워할 줄 앎)이 들어 있다.

2. 아들러의 심리학과 드레이커스의 훈육이론

알프레드 아들러(Alfred Adler)는 인정욕망(열등 콤플렉스, 우월 콤플렉스)을 중심으로 해서 생활(생활양식) 속에서 자신의 성격이 표출되는 대표적인 몇 가지 감정과 태도를 도출하고 나서 그것을 다시 세 가지로 묶었다. 첫째, 허영심과 공명심, 질투심, 시기심, 인색함, 증오심. 둘째, 물러서기(Zurückgezogenheit), 불안과 수줍음(아들러는 불안의 한 형태로 봄), 소심함, 교양 없고 지저분함(아들러는 이것을 교육받지 못한 태도(Unerzogenheit)라 했다). 셋째, 명랑함과 평화 방해자, 저질적인 언어나 상투적인 언어 표현, 학생 같은 태도나 학식 있는 체하는 태도, 원칙적인 사람과 융통성이 없는 사람, 굴종과 비굴함, 거만함, 기분에 좌우되는 사람, 불운하다고 생각하는 사람이다.

첫째 사람들의 성격을 공격적인 성격이라 했고 둘째 사람들의 성격을 비공격적인 성격이라 했으며 셋째는 기타 성격 표출이라 분류했는데, 이런 표출은 공격적이거나 비공격적인 사람들 모두에게 나타날 수 있는 형태로 본 것 같다. 아들러는 이런 사람들에게 부족한 것이 공동체 감정이라고 했다. 이런 논리를 기반으로 아들러는 성격을 '지배형', '기생형', '회피형', '사회적 관심 유형'으로 나누었다. 사회적 관심 유형은 아들러가 바람직하게 생각한 성격이고 타자와의 관계에서 자율성을 존중하면서도 사회에 책임과 관심을 가지고 살아가는 사람, 공동체 감정과 역량을 가진 사람이다. 그리고 아들러는 양육에서 아이를 지배하려는 부모, 아이를 응석받이로 키우는 부모, 아이의 기를 꺾어 버리는 부모가 아이들을 각각 지배형, 기생형, 회피형으로 자라나게 한다고 주장하였다.

아들러의 이론을 교육현장에 적용한 대표적인 학자가 루돌프 드레이커스(Rudolf Dreikurs)다. 드레이커스는 생활양식, 양육 태도와 관련하여 학생들의 '잘못된 목표'로 '관심을 끌기', '권력 획득하기', '보복하기', '무능 드러내기'를 나열하였고 이 중에서 '관심을 끌기'를 자세히 나누었다. 능동적-건설적, 수동적-건설적, 능동적-파괴적, 수동적-파괴적인 관심 끌기가 그것이다. 학생들은 '잘못된 목표'를 버리고 타인과 더불어 살아갈 수 있는 능동적-건설적 인간이 되어야 공동체 감정을 지닌 사회적 관심 유형으로 자라나게 될 것이다.

아들러가 열등 콤플렉스, 우월 콤플렉스와 연관 지어서 정서를 체계화한 것은 아니다. 우리가 열등감, 우월감보다 먼저 접하게 되는 감정은 열등감과 우월감에서 유래하는 다른 감정들일 때가 많다. 이것을 라인하르트 페크룬(Reinhard Pekrun)은 성취 정서라 하고 성취 여부와 관련하여 우리가 느끼는 주요 정서들은 즐거움, 희망, 자부심, 화, 불안, 수치심, 지루함, 절망감이라고 하였다. 결국 성취 정서를 잘 통제하고 적절하게 수용하거나 극복할 때 사회적 관심 유형으로 성장할 수 있다고도 말할 수 있을 것이다.

아들러의 사회적 관심 유형도 요즈음에 많이 거론되고 있는 사회정서학습을 통해서 구체화할 수 있을 것이다. 사회정서역량은 자기인식, 자기관리, 사회적 인식, 관계 관리, 책임 있는 의사결정으로 구성되어 있다고 한다. 첫째, 자기인식(Self-awareness) 역량은 자신의 정서와 행동의 관계를 아는 능력, 자신의 강점과 약점, 요구, 가치를 인식하는 능력, 자기 효능감을 갖는 능력 등을 말한다. 둘째, 자기관리(Self-management)는 충동을 조절하고, 스트레스를 관리하고 대처하거나 혹은 자신의 목표를 세우고 목표 달성을 위해 행위를 조직하는 능력을 의미한다. 셋째, 사회적 인식(Social awareness)은 타인이 처한 상황과 문화적 배경 등을 고려하여 타인의 관점을 잘 알고 정서적으로 공감함으로써 타인에 대해 존중할 수 있는 것을 의미한다. 넷째, 관계 관리(Relationship management)는 경청, 갈등 관리, 관계 맺기, 도움 제공 등을 잘하는 것이다. 다섯째, 책임 있는 의사결정(Responsible decision making)은 도덕적 기준과 사회적 규범에 근거하여 심사숙고해서 의사결정을 하는 능력을 의미하며 문제 상황을 확인하고 평가하기, 성찰하기, 문제 해결하는 기술들을 포함한다.

자기우정-우정 조목들은 아들러의 부정적인 성격 표출 양식들과 드레이커스가 말하는 잘못된 목표를 억제하고 공동체 감정을 키울 수 있도록 도와줄 수 있으며, 성취 정서를 조절하고 사회정서역량을 강화시켜 줄 것이다.

3. 전통적 수행론과 현대의 심리 치유

한편으로는 기존의 콜버그식 도덕 발달론에 의거한 도덕교육이 한계에 봉착하면서 다시금 덕교육의 필요성이 새롭게 대두됨에 따라 전통적 덕목에 대한 재평가가 이루어지고 있다. 다른 한편에서는 합리적인 치유 방법에 대한 대안으로 동양식 수행법이 재평가받고 있다.

맹자에 따르면 인간의 정서는 4단 7정으로 이루어져 있다. 맹자의 4단(측은지심=연민, 시비지심=지, 사양지심=예의, 수오지심=정의)을 확충할 때 '연민'과 '지'는 비판 능력으로 규정할 수 있을 것이다. 사양지심은 예의이고 수

오지심은 수치심, 정의감, 공정성 같은 것으로 볼 수도 있을 것이다. 이러한 4단을 확충하기 위한 태도로서 충과 서 그리고 성과 경을 중시하였다. 그리고 극기, 신독, 직(정직), 겸양, 신의, 의리, 공평무사, 심사숙고 같은 것은 전통 사회의 군자가 갖춰야 할 윤리이기도 한 것이다. 이것은 일종의 적극적인 덕이라고 할 수 있을 것이다. 이 중에서 신의, 공평무사, 심사숙고는 민주적인 공동체의 구성원이 갖춰야 할 덕목이라고도 할 것이다. 이는 공자의 언행을 기록한『논어』와『채근담』에서 찾아볼 수 있다.

서양의 심리 치유법을 대체할 수 있는 방법으로 계발된 심리 치유 방법 중 대표적인 마음챙김(알아차림 포함)은 자기우정 조목 중 자기개방, 자기비움에 반영되어 있다.

4. 평화로운 인간관계와 화행교육론

비고츠키는 외적 언어가 내적 언어로 되고 다시 내적 언어가 외적 언어로 되는 그 중간 과정에서 혼잣말이 갖는 중요성을 입증하였다. 이는 자기우정과 우정의 관계와 유사하다. 자기우정은 무엇보다도 나-나 대화로 나타나고 우정은 무엇보다도 나-너 대화로 나타난다. 또한 나-나 대화가 나-너 대화를 지배하고 나-너 대화가 나-나 대화를 지배하게 될 것이다.

대화의 최소 단위는 화행이라고 한다. 존 설(John Searle)은 보편적 화행 유형을 확언화행, 지시화행, 언약화행, 정표화행, 선언화행 등 다섯

가지로 분류하였다. 이러한 화행들의 각각에 요구되는 화행 규칙을 잘 지키는 것은 자기우정, 우정 즉 자아를 구성하고 타자와의 인간관계를 이어 가는 데서 결정적인 역할을 한다. 존 설의 화행 분류를 이어받아 마텐 클리프(Marten-Cleef)(1991)는 정표화행을 칭찬, 축하, 기원(무사 기원 또는 성공 기원), 환영(누구를 환영하다 또는 무엇을 환영하다), 호감, 감사, 비웃음, 조롱, 우쭐대기, 환호, 경탄, 희망, 동정, 조문(애도), 걱정, 사과, 원망(불만 토로), 질타, 빈정대기, 한탄, 자책, 불안 등 총 21개의 화행으로 분류하였다. 나-나 대화에서든 나-너 대화에서든 이러한 정표화행에서 해야 할 것과 하지 말아야 할 것을 자기우정-우정 조목에서는 잘 제시해 주고 있다.

피터 포나기(Peter Fonagy)의 타인과 자신에 대한 총체적인 인식과 반응을 버지니아 사티어(Virginia Satir)는 빙산 탐구라고 하였다. 그리고 이러한 빙산 탐구를 통해서 나와 타인 간의 일치적 대화가 가능하다고 보았다. 자기우정과 우정 조목은 일치적 대화에 도움이 될 것이다.

5. 공감이론, 조망이론, 애착이론, 정신화

마틴 호프먼(Martin Hoffman)은 공감을 "자신보다 다른 사람의 상황에 더 적절한 감정적 반응"이라 정의하고 공감은 생득적이면서 4단계를 거쳐 발전해 간다고 보았다. 로버트 셀먼(Robert Selman)은 타인의 입장에서 볼 수 있는 능력을 조망수용 능력이라고 했으며, 조망수용은 5단계를 거쳐 발전해 간다고 보았다. 호프먼은 공감이, 셀먼은 조망수용 능력이 인간관계의 질을 높이고 친사회적 행동을 강화한다고 생각하였다. 우정 조목들은 공감과 조망수용의 단계를 높이는 데 요구되는 능력들을 집약한 것이라고 할 수 있다. 공감이 친사회적 행동을 강화하는 하나의 요인이 될 수 있듯이 자기공감은 자기우정을 강화할 수 있는 하나의 요인이 될 수 있을 것이다. 그러나 최근에 학교폭력 예방교육으로서의 공감의 한계가 드러남에 따라 공감을 대체하거나 보완할 수 있는 새로운 접근법이 요구되고 있다.

셀먼이 인지적인 측면에 집중하였고 호프먼이 정서적인 측면에 집중하였다면 포나기는 타인에 대해 총체적으로 집중해서 반응하는 것을 정신화 능력이라고 이름 붙였다. 타인의 행동과 그 이면에 있는 타인의 욕망, 감정과 생각을 잘 알고 총체적으로 대화하고 반응할 수 있는 것에 대해 포나기는 타인을 정신화하는 것이라고 본 것이다.

존 볼비(John Bowlby)는 애착 유형을 세 가지로 나누었다. 안정 애착, 불안정-회피 애착, 불안정-저항 애착이다. 아들러의 성격 유형이 그랬듯이 볼비는 양육 방식의 결과인 것으로 보았다. 불안정-회피 애착 유형은 아동의 요구에 대한 민감성 부족과 신체적 접촉의 회피가 특징이다. 불안정-저항 애착은 아동의 요구에 대해 반응도 하고 신체적 접촉을 시도하지만 일관성 없는 반응과 신체적 접촉을 하는 것이 특징이다. 이에 따라 아동들은 양가적이 된다. 볼비의 애착이론을 자기우정에 적용해 본다면 자기우정은 자기와의 안정적인 애착이라고 할 수 있을 것이다. 포나기는 정신화를 할 수 있어야 안정 애착을 이룰 수 있다고 보았다. 자기우정이 자기-정신화라면 우정은 타인-정신화라고 할 수

있을 것이며, 자기-정신화와 타인-정신화는 불가분의 관계에 있다고 할
것이다.

6. 자존감, 자기애, 자기긍정, 자기자비, 자기존엄, 자기애,
의지 또는 투지, 인지

자기비판, 자기비하, 자기혐오, 자기증오, 자기비난에 대한 대안으
로 자기사랑(자기애), 자기존중, 공감을 치유 방법으로 제시한다. 그러나
자기애는 병적인 자기애, 이기적 자기애를 배제할 수 없는 문제점을 안
고 있다. 자기존중(자존감)은 이러한 병리적 현상이 없는 가장 완벽한 개
념으로 생각하는 경향이 있었고, 이것은 결국 교육의 최고 원리로 등
장하였으며 교육 이념으로 권장되었다. 최근에는 긍정 심리학이라는
이름으로 변형되어 광범위하게 전파되고 있다. 그러나 우리가 외면해
서 그렇지 자기존중이나 긍정 심리학의 오류나 한계는 이미 드러나 있
다. 학교폭력 예방교육에서 가해자들이 자존감이 낮은 것만은 아니라
는 것이 입증되기도 하였다. 단순한 자존감이나 긍정 심리학에 대한
대안으로 제시된 대표적인 개념에는 자기자비와 자기존엄이 있다.

크리스틴 네프(Kristin Neff)는 자기자비를 "자신의 고통에 마음이 움
직이고 열려 있는 것으로, 고통을 피하거나 단절하지 않으면서 고통을
경감시키고, 친절함으로 스스로를 치유하려는 소망을 일으키는 것"이
라 정의하고, 자기자비를 위한 세 가지 요인으로 자기친절, 인간 보편
성, 마음챙김을 제시하였다. '자기친절(self-kindness)'은 고통스러울 때에

도 자신을 혹독히 비난하기보다 자신을 향한 친절과 이해를 가지고 온화하게 자신을 돌보는 것을 뜻한다. '인간 보편성(common humanity)'은 개인의 경험을 받아들일 때 나만 느끼는, 분리되고 고립된 것으로 보기보다 모든 인간이 경험하는 부분으로 받아들이는 것이다. '마음챙김(mindfulness)'은 고통스러운 생각 및 감정들을 억제하거나 과장하지 않고 균형 있게 지각하고 관찰하는 것을 의미한다. 이는 고통을 선명하게 인식하면서 객관적인 시각과 균형감을 유지하는 태도로 자기친절이 자기 동정이나 자기합리화로 이어지지 않도록 돕는다고 한다.

자기자비가 자기우정의 자기수용에 가깝다면 도나 힉스(Donna Hicks)의 존엄의 원리 중 일부는 자기우정의 여러 조목에 균형 있게 들어 있다. 도나 힉스는 존엄의 10대 요소 (정체성 수용, 소속감, 안전, 공감, 인정, 공정함, 호의적 해석, 이해, 자주성, 책임성)가 있다고 하며, 존엄을 침해하는 것은 유혹이라 이름 붙였다. 미끼 물기, 체면 세우기, 책임 회피하기, 그릇된 존엄 추구하기, 그릇된 안전 추구하기, 갈등 회피하기, 피해자 자처하기, 타인의 비판적 견해에 저항하기, 죄책감을 벗기 위해 타인을 비난하고 모욕하기, 그릇된 친밀감에 빠져 험담 나누기 등 열 가지가 존엄을 침해하는 유혹 열 가지다. 존엄의 10대 요소 중 자기우정과 관련이 깊은 것을 소개하면 다음과 같다.

- **인정:** 사람들의 재능, 노고, 배려, 조력이 가져다준 효력에 대해 인정하라. 칭찬에 인색하지 말고, 사람들이 기여한 바와 그들이 낸 아이디어에 대해 감사와 사의를 표현하라.

- **공정함:** 사람들을 공정하고 공평하게, 그리고 합의된 법률과 규칙에 따라 공명정대하게 대하라. 차별하지 않고 부당하지 않게 대할 때 사람들은 내가 자신의 존엄을 존중한다고 느낀다.
- **호의적 해석:** 신뢰하는 마음으로 사람들을 대하라. 사람들이 선한 의도를 가졌으며 진실하게 행동하고 있다는 전제에서 출발하라.
- **이해:** 사람들이 중요하게 여기는 것들에 신뢰를 보이라. 그들에게 그들의 견해를 설명하고 표현할 기회를 부여하라. 그들을 이해하기 위해 적극적으로 경청하라.
- **자주성:** 사람들이 자신의 삶에 대한 결정권이 자신에게 있다고 느끼고 희망과 가능성의 의미를 체험할 수 있도록 자신의 의지로 행동하도록 격려하라.
- **책임성:** 내가 한 행위를 책임지라. 다른 사람의 존엄을 침해했다면 사과하라. 상처 주는 행동을 바꾸겠다고 약속하라.

　서양의 전통적인 죄책감(성악설)에서 벗어나 성선설에 가까운 자기긍정 심리학에 대한 반작용으로 후천적 노력과 단련을 중시하는 관점도 등장하였다. 이들은 서양 현대 심리학에서 별로 관심의 대상이 되지 못했던 의지 또는 투지의 중요성을 부각하였다. 자기우정에서는 이것을 자기강화라는 이름으로 반영하였다.

　이 외에도 아론 벡(Aaron T. Beck)의 인지치료나 앨버트 엘리스(Albert Ellis)의 합리적 정서행동치료도 자기 자신에 대한 긍정보다는 자기 자신을 직시하도록 유도하기 때문에 긍정 심리학과 같은 부류는 아니다.

아론 벡은 타인 조망에 오류를 범하게 되는 각자의 인지도식과 근본적 신념을 스스로 추적해서 알아내는 과정을 제시하였고, 앨버트 엘리스는 논박 등으로 근본적 신념을 수정할 수 있는 방법을 제시하였다. 자기의 인지 도식을 파악하기 위해서 자신의 자동적 사고나 충동적 판단에서 거리두기와 자기의 핵심 신념을 파악하고 나서는 적극적인 논박을 통해서 신념을 바꾸고 인지 도식을 바꾸고 나아가 자동적 사고와 상황 판단을 바꿀 수 있다. 물론 이러한 냉정하고 고차원적인 자기인지 과정을 처음부터 감당하기 쉬운 사람들은 많지 않을 것이다. 강한 사람들에게도 약한 면이 있고 또한 약한 면을 인정하는 것이 필요할 때도 있다. 그러므로 강해지기 위해서도 약한 자아를 먼저 수용하는 과정이 필요한 것이다. 그래서 자기우정에서는 자기수용을 위한 조목들을 별도로 마련하였다.

참고문헌

공자(2019). 『논어』. 김원중 옮김. 휴머니스트.

김진(2012). 『마음에도 길이 있다』. 창지사.

김태영. 창작동화채널.
https://www.youtube.com/channel/UCr23f6GdMakbR88vG0Ge5Og

김태형(2018). 『가짜 자존감 권하는 사회』. 갈매나무.

남희근(2014). 『맹자와 공손추』. 설순남 옮김. 부키.

데이비드 월린(David J. Wallin)(2010). 『애착과 심리치료』. 김진숙·이지연·윤숙경 옮김. 학지사.

도나 힉스(2013). 『관계를 치유하는 힘 존엄』. 박현주 옮김. 검둥소.

따돌림사회연구모임 권리교육팀(2018). 『10대 언어보감-청소년을 위한 채근담 해석서』. 마리북스.

따돌림사회연구모임 우정팀(2018). 『교실, 평화를 말하다』. 살림터.

따돌림사회연구모임 우정팀(2019). 『학급 혁명 10일의 기록』. 살림터.

로이 F. 바우마이스터·존 티어니(2012). 『의지력의 재발견: 자기절제와 인내심을 키우는 가장 확실한 방법』. 이덕임 옮김. 에코리브르.

루돌프 드레이커스(Rud olf Dreikurs)·펄 캐슬(Pearl Cassel)·에바 드레이커스 퍼거슨(Eva Dreikurs Ferguson)(2007). 『눈물 없는 훈육』. 최창섭 옮김. 원미사.

마하엘 빈더호프(2016). 『미성숙한 사람들의 사회』. 송소민 옮김. 추수밭.

박용익(1998). 『대화분석론』. 한국문화사.

버지니아 사티어(Virginia Satir). 『사티어 모델』. 한국버지니아사티어연구회 옮김, 김영애 가족치료연구소.

비고츠키(2011). 『생각과 말』. 배희철·김용호 옮김. 살림터.

아론 벡(Aaron T. Beck)·아서 프리먼(Arthur Freeman)·데니즈 데이비스(Denise D. Davis) 등(2007). 『성격장애의 인지치료』. 민병배·유성진 옮김. 학지사.

아리스토텔레스(2013). 『니코마코스 윤리학』. 천병희 옮김. 숲.

알프레드 아들러(2016). 『아들러의 인간이해』. 홍혜경 옮김. 을유문화사.

알프레드 아들러(2019). 『아들러 삶의 의미』. 최호영 옮김. 을유문화사.

앤젤라 더크워스(2016). 『그릿(GRIT)-IQ, 재능, 환경을 뛰어넘는 열정적 끈기의 힘』. 김미정 옮김. 비즈니스북스.

앨버트 엘리스(Albert Ellis)·캐서린 매클래런(Catharine MacLaren)(2007). 『합리적 정서행동치료』. 서수균·김윤희 옮김. 학지사.

이수민·양난미(2016). 「상담에서의 자기 자비에 대한 개념 정의와 개관」. 『상담학연구』 17권 5호.

존 G. 앨런(Jon G. allen)(2020). 『애착외상의 발달과 치료』. 이문희·김수임·이수림 옮김. 박영스토리.

크리스찬슨(2019). 『긍정심리학의 강점과 약점』. 추병완 옮김. 하우.

크리스티안 케이서스(2018). 『인간은 어떻게 서로를 공감하는가』. 고은미·김잔디 옮김. 바다출판사.

틱낫한(2003). 『힘: 삶을 바꿀 수 있는 힘, 내 안에 있다』. 진우기 옮김. 명진출판.

폴 블룸(2019). 『공감의 배신』. 이은진 옮김. 시공사.

피터 포나기·앤서니 베이트만(2012). 『정신화 중심의 경계성 인격장애의 치료』. 노경선정신치료연구회 옮김. NUN.

필 어윈(Phil Erwin)(2001). 『아동기와 청소년기의 친구관계』. 박영신 옮김. 시그마프레스.

한수정(2016). 『자기애성 성격장애』. 학지사.

한우진·김현지·멍이·이상수(2019). 「중등학교 학생의 사회정서역량과 성취정서 간 관계」. 『열린 교육 연구』 제27권 제1호.

홍자성(2017). 『채근담』. 김원중 옮김. 휴머니스트.

삶의 행복을 꿈꾸는 교육은 어디에서 오는가?

교육혁명을 앞당기는 배움책 이야기 혁신교육의 철학과 잉걸진 미래를 만나다!

한국교육연구네트워크 총서

01 핀란드 교육혁명
한국교육연구네트워크 엮음 | 320쪽 | 값 15,000원

02 일제고사를 넘어서
한국교육연구네트워크 엮음 | 284쪽 | 값 13,000원

03 새로운 사회를 여는 교육혁명
한국교육연구네트워크 엮음 | 380쪽 | 값 17,000원

04 교장제도 혁명
한국교육연구네트워크 엮음 | 268쪽 | 값 14,000원

05 새로운 사회를 여는 교육자치 혁명
한국교육연구네트워크 엮음 | 312쪽 | 값 15,000원

06 혁신학교에 대한 교육학적 성찰
한국교육연구네트워크 엮음 | 308쪽 | 값 15,000원

07 진보주의 교육의 세계적 동향
한국교육연구네트워크 엮음 | 324쪽 | 값 17,000원
2018 세종도서 학술부문

08 더 나은 세상을 위한 학교혁명
한국교육연구네트워크 엮음 | 404쪽 | 값 21,000원
2018 세종도서 교양부문

09 비판적 실천을 위한 교육학
이윤미 외 지음 | 448쪽 | 값 23,000원
2019 세종도서 학술부문

10 마을교육공동체운동:
세계적 동향과 전망
심성보 외 지음 | 376쪽 | 값 18,000원

11 학교 민주시민교육의 세계적 동향과 과제
심성보 외 지음 | 308쪽 | 값 16,000원

12 학교를 민주주의의 정원으로
가꿀 수 있을까?
성열관 외 지음 | 272쪽 | 값 16,000원

한국교육연구네트워크 번역 총서

01 프레이리와 교육
존 엘리아스 지음 | 한국교육연구네트워크 옮김
276쪽 | 값 14,000원

02 교육은 사회를 바꿀 수 있을까?
마이클 애플 지음 | 강희룡·김선우·박원순·이형빈 옮김
356쪽 | 값 16,000원

03 비판적 페다고지는
세상을 변화시킬 수 있는가?
Seewha Cho 지음 | 심성보·조시화 옮김 | 280쪽 | 값 14,000원

04 마이클 애플의 민주학교
마이클 애플·제임스 빈 엮음 | 강희룡 옮김 | 276쪽 | 값 14,000원

05 21세기 교육과 민주주의
넬 나딩스 지음 | 심성보 옮김 | 392쪽 | 값 18,000원

06 세계교육개혁:
민영화 우선인가 공적 투자 강화인가?
린다 달링-해먼드 외 지음 | 심성보 외 옮김 | 408쪽 | 값 21,000원

07 콩도르세, 공교육에 관한 다섯 논문
니콜라 드 콩도르세 지음 | 이주환 옮김 | 300쪽 | 값 16,000원
2019세종도서학술부문

08 학교를 변론하다
얀 마스켈라인·마틴 시몬스 지음 | 윤선인 옮김
252쪽 | 값 15,000원

혁신학교
성열관·이순철 지음 | 224쪽 | 값 12,000원

행복한 혁신학교 만들기
초등교육과정연구모임 지음 | 264쪽 | 값 13,000원

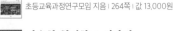
서울형 혁신학교 이야기
이부영 지음 | 320쪽 | 값 15,000원

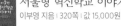
혁신교육, 철학을 만나다
브렌트 데이비스·데니스 수마라 지음
현인철·서용선 옮김 | 304쪽 | 값 15,000원

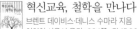
대한민국 교사, 어떻게 가르칠 것인가?
윤성관 지음 | 320쪽 | 값 15,000원

비고츠키 선집 시리즈 발달과 협력의 교육학 어떻게 읽을 것인가?

생각과 말
레프 세묘노비치 비고츠키 지음
배희철·김용호·D. 켈로그 옮김 | 690쪽 | 값 33,000원

도구와 기호
비고츠키·루리야 지음 | 비고츠키 연구회 옮김
336쪽 | 값 16,000원

어린이 자기행동숙달의 역사와 발달 I
L.S. 비고츠키 지음 | 비고츠키 연구회 옮김
564쪽 | 값 28,000원

어린이 자기행동숙달의 역사와 발달 II
L.S. 비고츠키 지음 | 비고츠키 연구회 옮김
552쪽 | 값 28,000원

어린이의 상상과 창조
L.S. 비고츠키 지음 | 비고츠키 연구회 옮김
280쪽 | 값 15,000원

비고츠키와 인지 발달의 비밀
A.R. 루리야 지음 | 배희철 옮김 | 280쪽 | 값 15,000원

수업과 수업 사이
비고츠키 연구회 지음 | 196쪽 | 값 12,000원

비고츠키의 발달교육이란 무엇인가?
비고츠키교육학실천연구모임 지음 | 412쪽 | 값 21,000원

**비고츠키 철학으로 본
핀란드 교육과정**
배희철 지음 | 456쪽 | 값 23,000원

성장과 분화
L.S. 비고츠키 지음 | 비고츠키 연구회 옮김
308쪽 | 값 15,000원

연령과 위기
L.S. 비고츠키 지음 | 비고츠키 연구회 옮김
336쪽 | 값 17,000원

의식과 숙달
L.S 비고츠키 | 비고츠키 연구회 옮김
348쪽 | 값 17,000원

분열과 사랑
L.S. 비고츠키 지음 | 비고츠키 연구회 옮김
260쪽 | 값 16,000원

성애와 갈등
L.S. 비고츠키 지음 | 비고츠키 연구회 옮김
268쪽 | 값 17,000원

관계의 교육학, 비고츠키
진보교육연구소 비고츠키교육학실천연구모임 지음
300쪽 | 값 15,000원

비고츠키 생각과 말 쉽게 읽기
진보교육연구소 비고츠키교육학실천연구모임 지음
316쪽 | 값 15,000원

교사와 부모를 위한 비고츠키 교육학
카르포프 지음 | 실천교사번역팀 옮김 | 308쪽 | 값 15,000원

아이들을 어떻게 가르칠 것인가
사토 마나부 지음 | 박찬영 옮김 | 232쪽 | 값 13,000원

모두를 위한 국제이해교육
한국국제이해교육학회 지음 | 364쪽 | 값 16,000원

경쟁을 넘어 발달 교육으로
현광일 지음 | 288쪽 | 값 14,000원

혁신교육 존 듀이에게 묻다
서용선 지음 | 292쪽 | 값 14,000원

다시 읽는 조선 교육사
이만규 지음 | 750쪽 | 값 33,000원

대한민국 교육혁명
교육혁명공동행동 연구위원회 지음 | 224쪽 | 값 12,000원

독일 교육, 왜 강한가?
박성희 지음 | 324쪽 | 값 15,000원

핀란드 교육의 기적
한넬레 니에미 외 엮음 | 장수명 외 옮김 | 456쪽 | 값 23,000원

한국 교육의 현실과 전망
심성보 지음 | 724쪽 | 값 35,000원

4·16, 질문이 있는 교실 마주이야기 통합수업으로 혁신교육과정을 재구성하다!

통하는 공부
김태호·김형우·이경석·심우근·허진만 지음
324쪽 | 값 15,000원

내일 수업 어떻게 하지?
아이함께 지음 | 300쪽 | 값 15,000원
2015 세종도서 교양부문

인간 회복의 교육
성래운 지음 | 260쪽 | 값 13,000원

교과서 너머 교육과정 마주하기
이윤미 외 지음 | 368쪽 | 값 17,000원

수업 고수들
수업·교육과정·평가를 말하다
박현숙 외 지음 | 368쪽 | 값 17,000원

도덕 수업, 책으로 묻고 윤리로 답하다
울산도덕교사모임 지음 | 320쪽 | 값 15,000원

체육 교사, 수업을 말하다
전용진 지음 | 304쪽 | 값 15,000원

교실을 위한 프레이리
아이러 쇼어 엮음 | 사람대사람 옮김 | 412쪽 | 값 18,000원

마을교육공동체란 무엇인가?
서용선 외 지음 | 360쪽 | 값 17,000원

교사, 학교를 바꾸다
정진화 지음 | 372쪽 | 값 17,000원

함께 배움
학생 주도 배움 중심 수업 이렇게 한다
니시카와 준 지음 | 백경석 옮김 | 280쪽 | 값 15,000원

공교육은 왜?
홍섭근 지음 | 352쪽 | 값 16,000원

자기혁신과 공동의 성장을 위한
교사들의 필리버스터
윤양수·원종희·장군·조경삼 지음 | 280쪽 | 값 14,000원

함께 배움 이렇게 시작한다
니시카와 준 지음 | 백경석 옮김 | 196쪽 | 값 12,000원

함께 배움 교사의 말하기
니시카와 준 지음 | 백경석 옮김 | 188쪽 | 값 12,000원

교육과정 통합, 어떻게 할 것인가?
성열관 외 지음 | 192쪽 | 값 13,000원

미래교육의 열쇠, 창의적 문화교육
심광현·노명우·강정석 지음 | 368쪽 | 값 16,000원

주제통합수업, 아이들을 수업의 주인공으로!
이윤미 외 지음 | 392쪽 | 값 17,000원

수업과 교육의 지평을 확장하는 수업 비평
윤양수 지음 | 316쪽 | 값 15,000원
2014 문화체육관광부 우수교양도서

교사, 선생이 되다
김태은 외 지음 | 260쪽 | 값 13,000원

교사의 전문성, 어떻게 만들어지나
국제교원노조연맹 보고서 | 김석규 옮김 392쪽 | 값 17,000원

수업의 정치
윤양수·원종희·장군 지음 | 280쪽 | 값 14,000원

학교협동조합,
현장체험학습과 마을교육공동체를 잇다
주수원 외 지음 | 296쪽 | 값 15,000원

거꾸로 교실,
잠자는 아이들을 깨우는 수업의 비밀
이민경 지음 | 280쪽 | 값 14,000원

교사는 무엇으로 사는가
정은균 지음 | 292쪽 | 값 15,000원

마음의 힘을 기르는 감성수업
조선미 외 지음 | 300쪽 | 값 15,000원

작은 학교 아이들
지경준 엮음 | 376쪽 | 값 17,000원

아이들의 배움은 어떻게 깊어지는가
이시이 준지 지음 | 방지현·이창희 옮김 | 200쪽 | 값 11,000원

대한민국 입시혁명
참교육연구소 입시연구팀 지음 | 220쪽 | 값 12,000원

교사를 세우는 교육과정
박승열 지음 | 312쪽 | 값 15,000원

전국 17명 교육감들과 나눈 교육 대담
최창의 대담·기록 | 272쪽 | 값 15,000원

들뢰즈와 가타리를 통해 유아교육 읽기
리세롯 마리엣 올슨 지음 | 이연선 외 옮김 | 328쪽 | 값
17,000원

학교 혁신의 길, 아이들에게 묻다
남궁상운 외 지음 | 272쪽 | 값 15,000원

프레이리의 사상과 실천
사람대사람 지음 | 352쪽 | 값 18,000원
2018 세종도서 학술부문

혁신학교, 한국 교육의 미래를 열다
송순재 외 지음 | 608쪽 | 값 30,000원

페다고지를 위하여
프레네의 『페다고지 불변요소』 읽기
박찬영 지음 | 296쪽 | 값 15,000원

노자와 탈현대 문명
홍승표 지음 | 284쪽 | 값 15,000원

선생님, 민주시민교육이 뭐예요?
염경미 지음 | 244쪽 | 값 15,000원

어쩌다 혁신학교
유우석 외 지음 | 380쪽 | 값 17,000원

미래, 교육을 묻다
정광필 지음 | 232쪽 | 값 15,000원

대학, 협동조합으로 교육하라
박주희 외 지음 | 252쪽 | 값 15,000원

입시, 어떻게 바꿀 것인가?
노기원 지음 | 306쪽 | 값 15,000원

촛불시대, 혁신교육을 말하다
이용관 지음 | 240쪽 | 값 15,000원

라운드 스터디
이시이 데루마사 외 엮음 | 224쪽 | 값 15,000원

미래교육을 디자인하는 학교교육과정
박승열 외 지음 | 348쪽 | 값 18,000원

흥미진진한 아일랜드 전환학년 이야기
제리 제퍼스 지음 | 최상덕·김호원 옮김 | 508쪽 | 값 27,000원

폭력 교실에 맞서는 용기
따돌림사회연구모임 학급운영팀 지음 | 272쪽 | 값 15,000원

그래도 혁신학교
박은혜 외 지음 | 248쪽 | 값 15,000원

학교는 어떤 공동체인가?
성열관 외 지음 | 228쪽 | 값 15,000원

학교 민주주의의 불한당들
정은균 지음 | 276쪽 | 값 14,000원

교육과정, 수업, 평가의 일체화
리사 카터 지음 | 박승열 외 옮김 | 196쪽 | 값 13,000원

학교를 개선하는 교장
지속가능한 학교 혁신을 위한 실천 전략
마이클 풀란 지음 | 서동연·정효준 옮김 | 216쪽 | 값 13,000원

공자뎐, 논어는 이것이다
유문상 지음 | 392쪽 | 값 18,000원

교사와 부모를 위한
발달교육이란 무엇인가?
현광일 지음 | 380쪽 | 값 18,000원

교사, 이오덕에게 길을 묻다
이무완 지음 | 328쪽 | 값 15,000원

낙오자 없는 스웨덴 교육
레이프 스트란드베리 지음 | 변광수 옮김 | 208쪽 | 값 13,000원

끝나지 않은 마지막 수업
장석웅 지음 | 328쪽 | 값 20,000원

경기꿈의학교
진흥섭 외 지음 | 360쪽 | 값 17,000원

학교를 말한다
이성우 지음 | 292쪽 | 값 15,000원

행복도시 세종, 혁신교육으로 디자인하다
곽순일 외 지음 | 392쪽 | 값 18,000원

나는 거꾸로 교실 거꾸로 교사
류광모·임정훈 지음 | 212쪽 | 값 13,000원

교실 속으로 간 이해중심 교육과정
온정덕 외 지음 | 224쪽 | 값 13,000원

교실, 평화를 말하다
따돌림사회연구모임 초등우정팀 지음 | 268쪽 | 값 15,000원

학교자율운영 2.0
김용 지음 | 240쪽 | 값 15,000원

학교자치를 부탁해
유우석 외 지음 | 252쪽 | 값 15,000원

국제이해교육 페다고지
강순원 외 지음 | 256쪽 | 값 15,000원

교사 전쟁
다나 골드스타인 지음 | 유성상 외 옮김 | 468쪽 | 값 23,000원

 선생님, 페미니즘이 뭐예요?
엄경미 지음 | 280쪽 | 값 15,000원

 시민, 학교에 가다
최형규 지음 | 260쪽 | 값 15,000원

 평화의 교육과정 섬김의 리더십
이준원·이형빈 지음 | 292쪽 | 값 16,000원

 학교를 살리는 회복적 생활교육
김민자·이순영·정선영 지음 | 256쪽 | 값 15,000원

 수포자의 시대
김성수·이형빈 지음 | 252쪽 | 값 15,000원

 교사를 위한 교육학 강의
이형빈 지음 | 336쪽 | 값 17,000원

 혁신학교와 실천적 교육과정
신은희 지음 | 236쪽 | 값 15,000원

 새로운학교 학생을 날게 하다
새로운학교네트워크 총서 02 | 408쪽 | 값 20,000원

 삶의 시간을 잇는 문화예술교육
고영직 지음 | 292쪽 | 값 16,000원

 세월호가 묻고 교육이 답하다
경기도교육연구원 지음 | 214쪽 | 값 13,000원

 혐오, 교실에 들어오다
이혜정 외 지음 | 232쪽 | 값 15,000원

 미래교육, 어떻게 만들어갈 것인가?
송기상·김성천 지음 | 300쪽 | 값 16,000원
2019 세종도서 교양부문

 혁신교육지구와 마을교육공동체는 어떻게 만들어지는가?
김태정 지음 | 376쪽 | 값 18,000원

 교육에 대한 오해
우문영 지음 | 224쪽 | 값 15,000원

 선생님, 특성화고 자기소개서 어떻게 써요?
이지영 지음 | 322쪽 | 값 17,000원

 혁신교육지구 현장을 가다
이용운 외 지음 | 348쪽 | 값 18,000원

 학생과 교사, 수업을 묻다
전용진 지음 | 344쪽 | 값 18,000원

 배움의 독립선언, 평생학습
정민승 지음 | 240쪽 | 값 15,000원

 혁신학교의 꽃, 교육과정 다시 그리기
안재일 지음 | 344쪽 | 값 18,000원

● **살림터 참교육 문예 시리즈** 영혼이 있는 삶을 가르치는 온 선생님을 만나다!

 꽃보다 귀한 우리 아이는
조재도 지음 | 244쪽 | 값 12,000원

 선생님이 먼저 때렸는데요
강병철 지음 | 248쪽 | 값 12,000원

 성깔 있는 나무들
최은숙 지음 | 244쪽 | 값 12,000원

 서울 여자, 시골 선생님 되다
조경선 지음 | 252쪽 | 값 12,000원

 아이들에게 세상을 배웠네
명혜정 지음 | 240쪽 | 값 12,000원

 행복한 창의 교육
최창의 지음 | 328쪽 | 값 15,000원

 밥상에서 세상으로
김흥숙 지음 | 280쪽 | 값 13,000원

 북유럽 교육 기행
정애경 외 14인 지음 | 288쪽 | 값 14,000원

 우물쭈물하다 끝난 교사 이야기
유기창 지음 | 380쪽 | 값 17,000원

 시험 시간에 웃은 건 처음이에요
조규선 지음 | 252쪽 | 값 15,000원

교과서 밖에서 만나는 역사 교실 상식이 통하는 살아 있는 역사를 만나다

전봉준과 동학농민혁명
조광환 지음 | 336쪽 | 값 15,000원

남도의 기억을 걷다
노성태 지음 | 344쪽 | 값 14,000원

응답하라 한국사 1·2
김은석 지음 | 356쪽·368쪽 | 각권 값 15,000원

즐거운 국사수업 32강
김남선 지음 | 280쪽 | 값 11,000원

즐거운 세계사 수업
김은석 지음 | 328쪽 | 값 13,000원

강화도의 기억을 걷다
최보길 지음 | 276쪽 | 값 14,000원

광주의 기억을 걷다
노성태 지음 | 348쪽 | 값 15,000원

선생님도 궁금해하는 한국사의 비밀 20가지
김은석 지음 | 312쪽 | 값 15,000원

걸림돌
키르스텐 세룹-빌펠트 지음 | 문봉애 옮김
248쪽 | 값 13,000원

역사수업을 부탁해
열 사람의 한 걸음 지음 | 388쪽 | 값 18,000원

진실과 거짓, 인물 한국사
하성환 지음 | 400쪽 | 값 18,000원

우리 역사에서 사라진 근현대 인물 한국사
하성환 지음 | 296쪽 | 값 18,000원

꼼꼼꼼 거꾸로 역사수업
역모자들 지음 | 436쪽 | 값 23,000원

즐거운 동아시아사 수업
김은석 지음 | 240쪽 | 값 15,000원

노성태, 역사의 길을 걷다
노성태 지음 | 324쪽 | 값 17,000원

교과서 밖에서 배우는 역사 공부
정은교 지음 | 292쪽 | 값 14,000원

팔만대장경도 모르면 빨래판이다
전병철 지음 | 360쪽 | 값 16,000원

빨래판도 잘 보면 팔만대장경이다
전병철 지음 | 360쪽 | 값 16,000원

영화는 역사다
강성률 지음 | 288쪽 | 값 13,000원

친일 영화의 해부학
강성률 지음 | 264쪽 | 값 15,000원

한국 고대사의 비밀
김은석 지음 | 304쪽 | 값 13,000원

조선족 근현대 교육사
정미량 지음 | 320쪽 | 값 15,000원

다시 읽는 조선근대 교육의 사상과 운동
윤건차 지음 | 이명실·심성보 옮김 | 516쪽 | 값 25,000원

음악과 함께 떠나는 세계의 혁명 이야기
조광환 지음 | 292쪽 | 값 15,000원

논쟁으로 보는 일본 근대 교육의 역사
이명실 지음 | 324쪽 | 값 17,000원

다시, 독립의 기억을 걷다
노성태 지음 | 320쪽 | 값 16,000원

한국사 리뷰
김은석 지음 | 244쪽 | 값 15,000원

경남의 기억을 걷다
류형진 외 지음 | 564쪽 | 값 28,000원

어제와 오늘이 만나는 교실
학생과 교사의 역사수업 에세이
정진경 외 지음 | 328쪽 | 값 17,000원

더불어 사는 정의로운 세상을 여는 인문사회과학 사람의 존엄과 평등의 가치를 배운다

밥상혁명
강양구·강이현 지음 | 298쪽 | 값 13,800원

좌우지간 인권이다
안경환 지음 | 288쪽 | 값 13,000원

도덕 교과서 무엇이 문제인가?
김대용 지음 | 272쪽 | 값 14,000원

민주시민교육
심성보 지음 | 544쪽 | 값 25,000원

자율주의와 진보교육
조엘 스프링 지음 | 심성보 옮김 | 320쪽 | 값 15,000원

민주시민을 위한 도덕교육
심성보 지음 | 500쪽 | 값 25,000원
2015 세종도서 학술부문

민주화 이후의 공동체 교육
심성보 지음 | 392쪽 | 값 15,000원
2009 문화체육관광부 우수학술도서

교과서 밖에서 배우는 인문학 공부
정은교 지음 | 280쪽 | 값 13,000원

갈등을 넘어 협력 사회로
이창언·오수길·유문종·신윤관 지음 | 280쪽 | 값 15,000원

오래된 미래교육
정재걸 지음 | 392쪽 | 값 18,000원

동양사상과 마음교육
정재걸 외 지음 | 356쪽 | 값 16,000원
2015 세종도서 학술부문

대한민국 의료혁명
전국보건의료산업노동조합 엮음 | 548쪽 | 값 25,000원

교과서 밖에서 배우는 철학 공부
정은교 지음 | 280쪽 | 값 14,000원

교과서 밖에서 배우는 고전 공부
정은교 지음 | 288쪽 | 값 14,000원

교과서 밖에서 배우는 사회 공부
정은교 지음 | 304쪽 | 값 15,000원

전체 안의 전체 사고 속의 사고
김우창의 인문학을 읽다
현광일 지음 | 320쪽 | 값 15,000원

교과서 밖에서 배우는 윤리 공부
정은교 지음 | 292쪽 | 값 15,000원

카스트로, 종교를 말하다
피델 카스트로·프레이 베토 대담 | 조세종 옮김
420쪽 | 값 21,000원

한글 혁명
김슬옹 지음 | 388쪽 | 값 18,000원

일제강점기 한국철학
이태우 지음 | 448쪽 | 값 25,000원

우리 안의 미래교육
정재걸 지음 | 484쪽 | 값 25,000원

한국 교육 제4의 길을 찾다
이길상 지음 | 400쪽 | 값 21,000원
2019세종도서학술부문

왜 그는 한국으로 돌아왔는가?
황선준 지음 | 364쪽 | 값 17,000원
2019세종도서교양부문

마을교육공동체 생태적 의미와 실천
김용련 지음 | 256쪽 | 값 15,000원

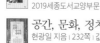
공간, 문화, 정치의 생태학
현광일 지음 | 232쪽 | 값 15,000원

교육과정에서 왜 지식이 중요한가
심성보 지음 | 440쪽 | 값 23,000원

인공지능 시대의 사회학적 상상력
홍승표 지음 | 260쪽 | 값 15,000원

식물에게서 교육을 배우다
이차영 지음 | 260쪽 | 값 15,000원

동양사상과 인간 그리고 사회
이현지 지음 | 418쪽 | 값 21,000원

평화샘 프로젝트 매뉴얼 시리즈 학교폭력에 대한 근본적인 예방과 대책을 찾는다

 학교폭력 어떻게 만들어지는가
문재현 외 지음 | 300쪽 | 값 14,000원

 학교폭력, 멈춰!
문재현 외 지음 | 348쪽 | 값 15,000원

 왕따, 이렇게 해결할 수 있다
문재현 외 지음 | 236쪽 | 값 12,000원

 젊은 부모를 위한 백만 년의 육아 슬기
문재현 지음 | 248쪽 | 값 13,000원

 우리는 마을에 산다
유양우·신동명·김수동·문재현 지음 | 312쪽 | 값 15,000원

 누가, 학교폭력 해결을 가로막는가?
문재현 외 지음 | 312쪽 | 값 15,000원

 아이들을 살리는 동네
문재현·신동명·김수동 지음 | 204쪽 | 값 10,000원

 평화! 행복한 학교의 시작
문재현 외 지음 | 252쪽 | 값 12,000원

 마을에 배움의 길이 있다
문재현 지음 | 208쪽 | 값 10,000원

 별자리, 인류의 이야기 주머니
문재현·문한뫼 지음 | 444쪽 | 값 20,000원

 동생아, 우리 뭐 하고 놀까?
문재현 외 지음 | 280쪽 | 값 15,000원

남북이 하나 되는 두물머리 평화교육 분단 극복을 위한 치열한 배움과 실천을 만나다

 10년 후 통일
정동영·지승호 지음 | 328쪽 | 값 15,000원

 분단시대의 통일교육
성래운 지음 | 428쪽 | 값 18,000원

 한반도 평화교육 어떻게 할 것인가
이기범 외 지음 | 252쪽 | 값 15,000원

 선생님, 통일이 뭐예요?
정경호 지음 | 252쪽 | 값 13,000원

 김창환 교수의 DMZ 지리 이야기
김창환 지음 | 264쪽 | 값 15,000원

창의적인 협력 수업을 지향하는 삶이 있는 국어 교실 우리말 글을 배우며 세상을 배운다

 중학교 국어 수업 어떻게 할 것인가?
김미경 지음 | 340쪽 | 값 15,000원

 토닥토닥 토론해요
명혜정·이명선·조선미 엮음 | 288쪽 | 값 15,000원

 어린이와 시
오인태 지음 | 192쪽 | 값 12,000원

 언어던
정은균 지음 | 268쪽 | 값 15,000원
2019 세종도서 교양부문

 감각의 갱신, 화장하는 인민
남북문학예술연구회 | 380쪽 | 값 19,000원

 토론의 숲에서 나를 만나다
명혜정 엮음 | 312쪽 | 값 15,000원

인문학의 숲을 거니는 토론 수업
순천국어교사모임 엮음 | 308쪽 | 값 15,000원

수업, 슬로리딩과 함께
박경숙 외 지음 | 268쪽 | 값 15,000원

민촌 이기영 평전
이성렬 지음 | 508쪽 | 값 20,000원

참된 삶과 교육에 관한
생각 줍기